日本国憲法

The Constitution of Japan

目次

はじめに

伊藤　真

――現実味を帯びる改憲

今、多くの政治家が憲法改正を声高に叫んでいます。憲法改正と普通の法律改正とに何か違いはあるのでしょうか。そもそも憲法とは何なのでしょうか。こうした疑問を持っている方も多いのではないかと思います。憲法なんか読んだことないなあ、と少し縁遠く感じている方もいるでしょう。しかし、実は憲法は私たちの生活にとても密接に関わるものです。憲法が変わると私たちの生活も一変してしまうかもしれません。

憲法改正は、国会議員の三分の二で発議が行われ、最終的には国民投票にかけられて、国民が決定します。ですから、私たち国民自身が、憲法のことを何も知らないと賛成するべきか反対するべきかの判断もできずに棄権してしまうことになりかねません。投票率がどんなに低くても、有効投票の過半数で決まってしまいますから、ごく少数の国民の意見で憲法が変わってしまうこともあるのです。

国民投票の際に、後で後悔するような判断をしないためにも、私たちは憲法が何のためにあるのかを知っておかなければなりません。本書を通じて、憲法を少しでも身近に感じていただけたら幸いです。

――憲法とは

さて、皆さんは「憲法とは何ですか」と聞かれ、すぐに答えられますか？

私が講演会などでこう尋ねると、「法律の親分のようなもの」「国民が大切に守るべき基本的な法律」「最高法規」という答えが返ってくることが多いです。

どれも間違いではないのですが、より重要なことは、『憲法とは個人の人権を守るために、国を縛るための法』ということです。これは近代憲法の本質ともいえるもので、〝立憲主義〟といいます。市民革命を経て人類が長い歴史の中で生み出したものであり、先進諸国の憲法には例外なく採用されています。いわば〝人類の英知〟の結晶です。ですから、この立憲主義を本質とする日本国憲法は、近代憲法の正統派の流れを受け継ぎ、諸外国と共通の基盤に立っているといえるのです。

このように憲法は私たち市民一人ひとりの権利や自由を守るために国家を縛る道具なのですから、私たちには憲法を守る義務は一切ありません。私もこれを知ったときには本当に驚きました。私たちには政治家や官僚など国家権力を行使する者に憲法を守らせる責任があるだけなのです。だからこそ、日本国憲法九九条では、国民に向けて憲法を尊重し擁護しなさいとはいっていません。政治家、官僚、裁判官など公務員に憲法尊重擁護義務を課しているだけなのです。

「立憲主義なんて初めて聞いたな」と思われる方も多いと思います。無理もありません。しかし、立憲主義について正しい理解を持つ国民が一人でも増えていけば、憲法改正に際し、護憲・改憲のどちらの立場であったとしても、共通のものさしの下《もと》で、憲法を私たちの生活に活かすため、発展的な議論ができるはずです。

――争いを暴力では解決しない

立憲主義が人類の英知の結晶であるとすれば、日本国憲法の前文・九条からなる〝積極的非暴力平和主義〟（恒久平和主義）は日本国憲法の独自性・個性であり、いわば〝日本の英知〟の結晶だといえます。つまり、積極的非暴力平和主義は、先の大戦で近隣諸国に甚大な損害を加えると同時に、国民に深刻な被害をもたらした日本だからこそ生み出すことができたものなのです。

――主権者として主体的に判断し、行動する

自民党の憲法改正草案は、この人類の英知である立憲主義と日本の英知である積極的非暴力平和主義の双方から決別しようとしています。つまり、草案では憲法が「個人の人権を守るために権力を縛る法」から、「政治家が国民を従わせるための道具」へと変質します。特に、日本における立憲主義は、明治憲法時代への反省から、天皇の権力に歯止めをかけ（第一章）、軍事力を縛る（第二章）ところにその本質があるのですが、改正案はどちらも骨抜きになっています。

改憲について議論する際には、憲法を変えることによって私たちの日々の生活がどのように変わるのかを具体的に想像してみることが何よりも重要です。私は、外国のように銃を持った軍人が普通に町中にいる様子は怖いなと思いますし、脱原発をはじめとした市民運動なども公益及び公の秩序に反するとして抑圧されるような社会は息苦しくていやだなと思います。

市民の権利や自由、平和を守るために憲法を活用できるか否かは主権者である私たち自身の判断・行動にかかっています。そのことを再確認しながら、この本を読んでいただければ幸いです。

「日本国憲法」について、すべての漢字、および平仮名のうち旧仮名遣いで読みにくい箇所に、現代仮名遣いのルビを振りました。下段には、編註として、伊藤真氏の監修のもと、憲法への理解を助けるための解釈註（▲印）と語句についての説明（＊印）を、原則当該箇所の頁内に記しました。

日本国憲法《にほんこくけんぽう》

（昭和《しょうわ》二一・一一・三）
施行《しこう》　昭和《しょうわ》二二・五・三

朕《ちん》は、日本国民《にほんこくみん》の総意《そうい》に基《もと》いて、新日本建設《しんにほんけんせつ》の礎《いしずえ》が、定《さだ》まるに至《いた》つたことを、深《ふか》くよろこび、枢《すう》密顧問《みつこもん》*の諮詢《しじゅん》*及《およ》び帝国憲法《ていこくけんぽう》*第《だい》七十三条《じょう》による帝国《ていこく》議会《ぎかい》*の議決《ぎけつ》を経《へ》た帝国憲法《ていこくけんぽう》の改正《かいせい》を裁可《さいか》し、ここにこれを公布《こうふ》せしめる。

御名《ぎょめい》　御璽《ぎょじ》*

昭和《しょうわ》二十一年《ねん》十一月三日《がつみっか》

内閣総理大臣兼《ないかくそうりだいじんけん》
外務大臣《がいむだいじん》　吉田《よしだ》　茂《しげる》
国務《こくむ》大臣　男爵《だんしゃく》　幣原喜重郎《しではらきじゅうろう》
司法《しほう》大臣　木村篤太郎《きむらとくたろう》

▲この部分は「上諭」と呼ばれ、明治憲法（帝国憲法）のもと、天皇が法令を法に定められた手続きによって制定、公布することを述べるための文書です。前書きにすぎず、憲法の一部ではありません。

文中に「**帝国憲法の改正を裁可し**」とありますが、通説では憲法の改正ではなく新憲法の制定であると説明されます。それでも**改正**という形をとったのは、天皇主権から国民主権という革命的な変革を平穏のうちに行うための、政治的配慮であったと考えられています。

***枢密顧問**　明治憲法下における内閣から独立した天皇の最高諮問機関。日本国憲法施

内務《ないむ》大臣　大村清一《おおむらせいいち》

文部《もんぶ》大臣　田中耕太郎《たなかこうたろう》

農林《のうりん》大臣　和田博雄《わだひろお》

国務《こくむ》大臣　斎藤隆夫《さいとうたかお》

逓信《ていしん》大臣　一松定吉《ひとつまつさだよし》

商工《しょうこう》大臣　星島二郎《ほしじまにろう》

厚生《こうせい》大臣　河合良成《かわいよしなり》

国務《こくむ》大臣　植原悦二郎《うえはらえつじろう》

運輸《うんゆ》大臣　平塚常次郎《ひらつかつねじろう》

大蔵《おおくら》大臣　石橋湛山《いしばしたんざん》

国務《こくむ》大臣　金森徳次郎《かなもりとくじろう》

国務《こくむ》大臣　膳桂之助《ぜんけいのすけ》

行で廃止。

＊諮詢　他の機関などに意見を問い求めること。

＊帝国憲法　大日本帝国憲法の略。旧憲法とも呼ばれる。（巻末90頁より参考資料として収録）

＊御璽　天皇の印章。天皇の国事行為のうち詔書、法律、政令、条約、信任状などの公文書に押される。

日本国憲法《にほんこくけんぽう》（前文《ぜんぶん》）

日本国民《にほんこくみん》は、正当《せいとう》に選挙《せんきょ》された国会《こっかい》における代表者《だいひょうしゃ》を通《つう》じて行動《こうどう》し、われらとわれらの子孫《しそん》のために、諸国民《しょこくみん》との協和《きょうわ》による成果《せいか》と、わが国全土《くにぜんど》にわたつて自由《じゆう》のもたらす恵沢《けいたく》を確保《かくほ》し、政府《せいふ》の行為《こうい》によつて再《ふたた》び戦争《せんそう》の惨禍《さんか》が起《おこ》ることのないや《よ》うにすることを決意《けつい》し、ここに主権《しゅけん》*が国民《こくみん》に存《そん》することを宣言《せんげん》し、この憲法《けんぽう》を確定《かくてい》する。そもそも国政《こくせい》は、国民《こくみん》の

▲前文とは、法の最初に付され、その目的や精神を述べる文章で、重要な意味を持っています。憲法の一部であり、本文と同じく法としての拘束力を有しています（法規範性）。
　まず冒頭で「**日本国民がこの憲法を確定する**」、つまり国民が主体となって憲法を作ったことをはっきりと宣言しています。自由や人権、平和を守るために国民自らがこの憲法を制定したものであり、人権と平和は、たとえ多数決によっても奪ってはならない**人類普遍の原理**であることが述べられています。

＊主権　主権には一般的に三

厳粛《げんしゅく》な信託《しんたく》＊によるものであつて、その権威《けんい》は国民《こくみん》に由来《ゆらい》し、その権力《けんりょく》は国民《こくみん》の代表者《だいひょうしゃ》がこれを行使《こうし》し、その福利《ふくり》は国民《こくみん》がこれを享受《きょうじゅ》する。これは人類普遍《じんるいふへん》の原理《げんり》＊であり、この憲法《けんぽう》は、かかる原理《げんり》に基《もとづ》くものである。われらは、これに反《はん》する一切《いっさい》の憲法《けんぽう》、法令及《ほうれいおよ》び詔勅《しょうちょく》＊を排除《はいじょ》する。

日本国民《にほんこくみん》は、恒久《こうきゅう》の平和《へいわ》を念願《ねんがん》し、人間相《にんげんそう》互《ご》の関係《かんけい》を支配《しはい》する崇高《すうこう》な理想《りそう》を深《ふか》く自覚《じかく》するのであつて、平和《へいわ》を愛《あい》する諸国民《しょこくみん》の公正《こうせい》と信義《しんぎ》に信頼《しんらい》して、われらの安全《あんぜん》と生存《せいぞん》を保持《ほじ》

つの意義がある。上記の「主権」は、国の政治のあり方を最終的に決定する力のこと。

＊信託　信用して任せること。

＊原理　基本的な決まり、規則。

＊詔勅　天皇の意思を表示するすべての文書。

▲第二段落では、憲法の平和主義について規定しています。日本のみならず、世界中の貧困や差別、飢餓など構造的暴力といわれている社会矛盾の解決をめざしていくことを、力強く宣言しています。

しようと決意《けつい》した。われらは、平和《へいわ》を維持《いじ》し、専制《せんせい》*と隷従《れいじゅう》*、圧迫《あっぱく》*と偏狭《へんきょう》*を地上《ちじょう》から永遠《えいえん》に除去《じょきょ》しようと努《つと》めてゐる国際社会《こくさいしゃかい》において、名誉《めいよ》ある地位《ちい》を占《し》めたいと思《おも》ふ。われらは、全世界《ぜんせかい》の国民《こくみん》が、ひとしく恐怖《きょうふ》と欠乏《けつぼう》から免《まぬ》かれ、平和《へいわ》のうちに生存《せいぞん》する権利《けんり》を有《ゆう》することを確認《かくにん》する。

われらは、いづ《ず》れの国家《こっか》も、自国《じこく》のことのみに専念《せんねん》して他国《たこく》を無視《むし》してはならないのであつて、政治道徳《せいじどうとく》の法則《ほうそく》は、普遍的《ふへんてき》なもので

民主主義とこの平和主義には、たいへん深いつながりがあります。

＊専制　上に立つ人が自分で思うままに事を処理すること。

＊隷従　ある者の支配に属して、その言いなりになること。

＊圧迫　武力や権力などで押さえつけること。

＊偏狭　狭い考えにとらわれること。

あり、この法則《ほうそく》に従《したが》ふことは、自国《じこく》の主権《しゆけん》*を維持《いじ》し、他国《たこく》と対等関係《たいとうかんけい》に立《た》たうとする各国《かっこく》の責務《せきむ》*であると信《しん》ずる。

日本国民《にほんこくみん》は、国家《こっか》の名誉《めいよ》にかけ、全力《ぜんりょく》をあげてこの崇高《すうこう》*な理想《りそう》と目的《もくてき》を達成《たっせい》することを誓《ちか》ふ。

＊**主権**　上記の**主権**は、国家の権力が国内においては最高であり、対外的には独立しているということを示している。

＊**責務**　責任と義務。果たさなければならない務め。

＊**崇高**　気高く尊いこと。精神的に抜きんでているさま。

▲憲法は、日本の国のもっとも根本となる大切な規則、つまり「最高法規」です。その前文で、日本国憲法の三つの基本原理である①**国民主権**、②**基本的人権の尊重**、③**平和主義**を宣言したうえで、これから各条文に移っていきます。

第《だい》一章《しょう》　天皇《てんのう》

第《だい》一条《じょう》　天皇《てんのう》は、日本国《にほんこく》の象徴《しょうちょう》であり日本国民統合《にほんこくみんとうごう》の象徴《しょうちょう》であつて、この地位《ちい》は、主権《しゅけん》の存《そん》する日本《にほん》国民《こくみん》の総意《そうい》に基《もと》づく。

第二条　皇位《こうい》は、世襲《せしゅう》のものであつて、国会《こっかい》の議決《ぎけつ》した皇室典範《こうしつてんぱん》＊の定《さだ》めるところにより、これを継《けい》承《しょう》する。

第三条　天皇《てんのう》の国事《こくじ》に関《かん》するすべての行為《こうい》には、内《ない》

▲この第一章では天皇の地位について規定しています。明治憲法では主権者は天皇であり、国家神道と結びついた象徴でもありました。しかし、新憲法のもとでは天皇は**象徴**でしかないことを明確にし、**主権**は私たち**国民**にあることを宣言しました。

▲天皇の地位が**世襲**、つまり一定の血統関係に属するものに限られることを定めています。憲法が認めている平等原則の例外です。

＊**皇室典範**　皇室に関する事項を規律した法律。一般の法律と同じく、国民の意思を反映することができる。

▲明治憲法時代の天皇はすべての統治権を持っていました

閣《かく》の助言《じょげん》と承認《しょうにん》を必要《ひつよう》とし、内閣《ないかく》が、その責任《せきにん》を負《お》ふ。

第四条

① 天皇《てんのう》は、この憲法《けんぽう》の定《さだ》める国事《こくじ》に関《かん》する行為《こうい》*のみを行《おこな》ひ、国政《こくせい》に関《かん》する権能《けんのう》*を有《ゆう》しない。

② 天皇《てんのう》は、法律《ほうりつ》の定《さだ》めるところにより、その国事《こくじ》に関《かん》する行為《こうい》を委任《いにん》することができる。

第五条　皇室典範《こうしつてんぱん》の定《さだ》めるところにより摂政《せっしょう》*を置《お》くときは、摂政《せっしょう》は、天皇《てんのう》の名《な》でその国事《こくじ》に関《かん》する行《こう》為《い》を行《おこな》ふ。この場合《ばあい》には、前条第一項《ぜんじょうだいいっこう》の規定《きてい》を準《じゅん》

が、現憲法では、憲法に規定されている**国事行為**のみを**内閣の助言と承認**を経て行うことになりました。国事行為についての責任は内閣にあり、天皇は一切責任を負いません。

***国事に関する行為**　政治的決定力や影響力を持たない名目的、儀礼的な行為。

***国政に関する権能**　国政を決定したり影響を与えたりする権利や能力。

***摂政**　天皇が成年に達しないとき（天皇、皇太子、皇太孫の成年は18歳）、天皇が病気などで自ら国事行為を行えないときに、代わりにその行為を行う代理**機関**（*）。

***機関**　ある目的を達成するための役割や組織。

用《よう》する。

第六条

① 天皇《てんのう》は、国会《こっかい》の指名《しめい》に基《もと》いて、内閣総理大臣《ないかくそうりだいじん》を任命《にんめい》する。

② 天皇《てんのう》は、内閣《ないかく》の指名《しめい》に基《もと》いて、最高裁判所《さいこうさいばんしょ》の長《ちょう》たる裁判官《さいばんかん》を任命《にんめい》する。

第七条　天皇《てんのう》は、内閣《ないかく》の助言《じょげん》と承認《しょうにん》により、国民《こくみん》のために、左《さ》の国事《こくじ》に関《かん》する行為《こうい》を行《おこな》ふ。

一　憲法改正《けんぽうかいせい》、法律《ほうりつ》、政令及《せいれいおよ》び条約《じょうやく》を公布《こうふ》すること。

▲六、七条では、天皇の**国事行為**について規定しています。七条に列挙されたなかには国政に関すると思えるようなものも並んでいますが、実質的な決定は内閣などの他機関が行います。

外国訪問など公的行為を行うことについては「象徴としての行為」と説明するのが通説です。こうした行為を通しても、天皇を政治的に利用することがあってはなりません。

＊召集　国会議員に対して、一定の期日内に集会することを命ずる行為。

二　国会《こっかい》を召集《しょうしゅう》*すること。

三　衆議院《しゅうぎいん》を解散《かいさん》*すること。

四　国会議員《こっかいぎいん》の総選挙《そうせんきょ》の施行《しこう》を公示《こうじ》すること。

五　国務大臣《こくむだいじん》及《およ》び法律《ほうりつ》の定《さだ》めるその他《た》の官吏《かんり》の任《にん》免《めん》並《なら》びに全権委任状《ぜんけんいにんじょう》及《およ》び大使《たいし》及《およ》び公使《こうし》の信任《しんにん》状《じょう》を認証《にんしょう》すること。

六　大赦《たいしゃ》*、特赦《とくしゃ》*、減刑《げんけい》、刑《けい》の執行《しっこう》の免除《めんじょ》及《およ》び復権《ふっけん》*を認証《にんしょう》すること。

七　栄典《えいてん》を授与《じゅよ》すること。

八　批准書《ひじゅんしょ》*及《およ》び法律《ほうりつ》の定《さだ》めるその他《た》の外交文書《がいこうぶんしょ》を認証《にんしょう》すること。

九　外国《がいこく》の大使《たいし》及《およ》び公使《こうし》を接受《せつじゅ》すること。

＊解散　全議員に対してその任期満了前に議員の資格を失わせること。国会では衆議院のみに認められている。

＊大赦　政令で定めた罪について、有罪の言い渡しを受けた者に対しては判決の効力を失わせ、まだ有罪の判決を受けていない者については公訴権を消滅させるもの。

＊特赦　有罪を言い渡された特定の者に対して、有罪言い渡しの効力を失わせること。

＊復権　有罪の言い渡しによって喪失、または停止された資格を回復させること。

＊批准書　条約に対する国家の確認・同意を示す文書。この文書の交換または寄託により条約の効力が生じる。

十　儀式《ぎしき》を行《おこな》ふこと。

第八条　皇室《こうしつ》に財産《ざいさん》を譲《ゆず》り渡《わた》し、又《また》は皇室《こうしつ》が、財産《ざいさん》を譲《ゆず》り受《う》け、若《も》しくは賜与《しよ》することは、国会《こっかい》の議《ぎ》決《けつ》に基《もとづ》かなければならない。

第二章　戦争《せんそう》の放棄《ほうき》

第九条

①　日本国民《にほんこくみん》は、正義《せいぎ》と秩序《ちつじょ》を基調《きちょう》とする国際平和《こくさいへいわ》を誠実《せいじつ》に希求《ききゅう》し、国権《こっけん》の発動《はつどう》たる戦争《せんそう》と、武力《ぶりょく》による威嚇《いかく》又《また》は武力《ぶりょく》の行使《こうし》は、国際紛争《こくさいふんそう》を解決《かいけつ》する

▲八条では、八八条とともに天皇の権能を**財政**面から民主的に制限しています。皇室外から皇室へ、皇室から皇室外への財産（土地、預金、株式などあらゆる財産）の移転は、有償無償にかかわらず、**国会の議決**なしではできません。

▲前文第一段落で「**政府の行為によって再び戦争の惨禍が起ることのないやうにすることを決意**」して憲法を確定した、つまり国に戦争を起こさせないようにすることが規定されていますが、この**戦争放棄**が、九条によって明確にさ

手段《しゅだん》としては、永久《えいきゅう》にこれを放棄《ほうき》する。

② 前項《ぜんこう》の目的《もくてき》を達《たっ》するため、陸海空軍《りくかいくうぐん》その他《た》の戦力《せんりょく》は、これを保持《ほじ》しない。国《くに》の交戦権《こうせんけん》*は、これを認《みと》めない。

第三章　国民《こくみん》の権利《けんり》及《およ》び義務《ぎむ》

第一〇条　日本国民《にほんこくみん》たる要件《ようけん》は、法律《ほうりつ》でこれを定《さだ》める。

第一一条　国民《こくみん》は、すべての基本的人権《きほんてきじんけん》の享有《きょうゆう》を妨《さまた》げられない。この憲法《けんぽう》が国民《こくみん》に保障《ほしょう》する基本的人《きほんてきじん》

れています。こうした徹底した積極的非暴力平和主義が書かれた憲法は、世界でも類をみないものです。

＊交戦権　国家が戦争を行う権利。国家が交戦国として持つ国際法上認められている諸権利。

▲出生のときに父または母が**日本国民**であればその子は日本国籍を取得するという血統主義を原則としています（国籍法二条）。

▲「人間として正しいこと」。これが**人権**の本質です。**基本的人権**とは、すべての人間が生まれながらに持っていて、

権《けん》は、侵《おか》すことのできない永久《えいきゅう》の権利《けんり》として、現《げん》在及《ざいおよ》び将来《しょうらい》の国民《こくみん》に与《あた》へられる。

第一二条　この憲法《けんぽう》が国民《こくみん》に保障《ほしょう》する自由及《じゆうおよ》び権利《けんり》は、国民《こくみん》の不断《ふだん》の努力《どりょく》によつて、これを保持《ほじ》しなければならない。又《また》、国民《こくみん》は、これを濫用《らんよう》してはならないのであつて、常《つね》に公共《こうきょう》の福祉《ふくし》*のためにこれを利用《りよう》する責任《せきにん》を負《お》ふ。

第一三条　すべて国民《こくみん》は、個人《こじん》として尊重《そんちょう》される。生命《せいめい》、自由及《じゆうおよ》び幸福追求《こうふくついきゅう》に対《たい》する国民《こくみん》の権利《けんり》については、公共《こうきょう》の福祉《ふくし》に反《はん》しない限《かぎ》り、立法《りっぽう》その他《た》

たとえ民主主義の多数決によっても奪うことのできないものです。

▲国家のために個人が存在するのではなく、個人のために国家が存在しています。国民は国家権力から不当な干渉を受けない、自分たちの自由を守る。これが人権の本質です。かけがえのない個人として誰もが尊敬される。一人ひとりの違いを**尊重**し合い、人種、信条、性別などを越えて、互いに認め合う。そんな多様性のある社会を憲法はめざしています。

***公共の福祉**　すべての人の人権がバランスよく保障され

の国政《こくせい》の上《うえ》で、最大《さいだい》の尊重《そんちょう》を必要《ひつよう》とする。

第一四条

① すべて国民《こくみん》は、法《ほう》の下《もと》に平等《びょうどう》であつて、人種《じんしゅ》、信条《しんじょう》、性別《せいべつ》、社会的身分《しゃかいてきみぶん》又《また》は門地《もんち》*により、政治《せいじ》的《てき》、経済的《けいざいてき》又《また》は社会的関係《しゃかいてきかんけい》において、差別《さべつ》されない。

② 華族《かぞく》*その他《た》の貴族《きぞく》の制度《せいど》は、これを認《みと》めない。

③ 栄誉《えいよ》、勲章《くんしょう》*その他《た》の栄典《えいてん》の授与《じゅよ》は、いかなる特《とっ》権《けん》も伴《ともな》はない。栄典《えいてん》の授与《じゅよ》は、現《げん》にこれを有《ゆう》し、又《また》は将来《しょうらい》これを受《う》ける者《もの》の一代《いちだい》に限《かぎ》り、その効《こう》力《りょく》を有《ゆう》する。

るように、基本的人権相互間、あるいは基本的人権と社会的利益の間の矛盾を調整しようとする原理。すべての権利はこの公共の福祉による制限を受ける。

▲自由と並んで、**平等**は大切な基本原理のひとつです。一四条では平等原則を定め、特権的な制度を禁止することで平等を徹底しようとしました。

＊門地　家柄。門閥。

＊華族　明治時代に設けられた身分制度の階級の呼称のひとつ。

＊勲章　国家や公共に対する功績や功労を表彰し、国から授けられる記章。

第一五条

① 公務員《こうむいん》を選定《せんてい》し、及《およ》びこれを罷免《ひめん》*することは、国民固有《こくみんこゆう》の権利《けんり》である。

② すべて公務員《こうむいん》は、全体《ぜんたい》の奉仕者《ほうししゃ》であつて、一部《いちぶ》の奉仕者《ほうししゃ》ではない。

③ 公務員《こうむいん》の選挙《せんきょ》については、成年者《せいねんしゃ》による普通選挙《ふつうせんきょ》を保障《ほしょう》する。

④ すべて選挙《せんきょ》における投票《とうひょう》の秘密《ひみつ》は、これを侵《おか》してはならない。選挙人《せんきょにん》は、その選択《せんたく》に関《かん》し公的《こうてき》にも私的《してき》にも責任《せきにん》を問《と》はれない。

▲自由で平等な社会を築くには、一人ひとりが対等な立場で政治に参加できなければなりません。この国政に参加する権利（参政権）のうち最も重要なのが選挙権です。ただし、国民が直接**選挙**で選べるのは国会議員、地方公共団体の首長と議員、**罷免**できるのは最高裁判所裁判官だけです。①項はあくまで、公務員の地位が最終的には国民の意思によるということを示していると解されています。

***罷免**　公務員の職を強制的にやめさせること。

第一六条　何人《なんぴと》も、損害《そんがい》の救済《きゅうさい》、公務員《こうむいん》の罷免《ひめん》、法律《ほうりつ》、命令《めいれい》又《また》は規則《きそく》の制定《せいてい》、廃止《はいし》又《また》は改正《かいせい》その他《た》の事項《じこう》に関《かん》し、平穏《へいおん》に請願《せいがん》＊する権利《けんり》を有《ゆう》し、何人《なんぴと》も、かかる請願《せいがん》をしたためにいかなる差別待遇《さべつたいぐう》も受《う》けない。

第一七条　何人《なんぴと》も、公務員《こうむいん》の不法行為《ふほうこうい》により、損害《そんがい》を受《う》けたときは、法律《ほうりつ》の定《さだ》めるところにより、国《くに》又《また》は公共団体《こうきょうだんたい》に、その賠償《ばいしょう》を求《もと》めることができる。

第一八条　何人《なんぴと》も、いかなる奴隷的拘束《どれいてきこうそく》も受《う》けない。又《また》、犯罪《はんざい》に因《よ》る処罰《しょばつ》の場合《ばあい》を除《のぞ》いては、その意《い》に

▲民意を為政者に伝える**請願権**は、選挙以外の場で国民の意思を国政に反映させるひとつの手段として、参政権的な意味をも持つ重要な権利です。条文に挙がっている以外にも、あらゆる事柄についての請願が可能です。

＊**請願**　国または地方公共団体に対し、その職務に関する事項についての希望、苦情、要請を申し出ること。

▲公務員による不法行為について規定した一七条については、**国家賠償法**という法律によって具体化されています。

▲**奴隷的拘束**は、例外なく一切禁止です。国家権力による行為を禁止するだけでなく、

反《はん》する苦役《くえき》に服《ふく》させられない。

第一九条　思想及《しそうおよ》び良心《りょうしん》の自由《じゆう》は、これを侵《おか》してはならない。

第二〇条

① 信教《しんきょう》の自由《じゆう》は、何人《なんぴと》に対《たい》してもこれを保障《ほしょう》する。いかなる宗教団体《しゅうきょうだんたい》も、国《くに》から特権《とっけん》を受《う》け、又《また》は政治上《せいじじょう》の権力《けんりょく》を行使《こうし》してはならない。

② 何人《なんぴと》も、宗教上《しゅうきょうじょう》の行為《こうい》、祝典《しゅくてん》、儀式《ぎしき》又《また》は行事《ぎょうじ》に参加《さんか》することを強制《きょうせい》されない。

③ 国及《くにおよ》びその機関《きかん》は、宗教教育《しゅうきょうきょういく》その他《た》いかなる

企業による人格を無視した拘束や労役も許しません。

▲人は誰でも自分らしく生きる権利を持っています。そのためには人生観など心の内面について、国や社会から干渉されないことが必要です。そこで、人の内心における考え方の自由を**思想・良心の自由**として保障しました。

▲国家が特定の**宗教**と結びついたとき、異教徒や無宗教者などの少数派に対しての宗教的迫害や宗教の名のもとに戦争が行われてきた、人類の苦い歴史があります。少数派の信教の自由への侵害を避けるため、国家の**非宗教性**、**宗教的中立**が求められるのです。

宗教的活動《しゅうきょうてきかつどう》もしてはならない。

第二一条

① 集会《しゅうかい》、結社《けっしゃ》及《およ》び言論《げんろん》、出版《しゅっぱん》その他《た》一切《いっさい》の表現《ひょうげん》の自由《じゆう》は、これを保障《ほしょう》する。

② 検閲《けんえつ》*は、これをしてはならない。通信《つうしん》の秘密《ひみつ》は、これを侵《おか》してはならない。

第二二条

① 何人《なんぴと》も、公共《こうきょう》の福祉《ふくし》に反《はん》しない限《かぎ》り、居住《きょじゅう》、移《い》転《てん》及《およ》び職業選択《しょくぎょうせんたく》の自由《じゆう》を有《ゆう》する。

② 何人《なんぴと》も、外国《がいこく》に移住《いじゅう》し、又《また》は国籍《こくせき》を離脱《りだつ》する自《じ》

これを**政教分離の原則**といいます。

▲民主主義は、一人ひとりが自分の意見を自由に他者に伝え、政治に反映させることができてはじめて成り立ちます。**言論**活動の多様性が確保され、**自由**活発に行われていくことで、個人や社会の発展につながります。

***検閲**　思想内容などの表現物について、行政権が発表前にその内容を審査し、不適当と認めるものの発表を禁止すること。

▲自分の職業を自分で決め、それを行う自由は、二九条で定められた財産権と並んで、経済的自由と呼ばれていま

由《ゆう》を侵《おか》されない。

第二三条　学問《がくもん》の自由《じゆう》は、これを保障《ほしょう》する。

第二四条

① 婚姻《こんいん》は、両性《りょうせい》の合意《ごうい》のみに基《もと》づいて成立《せいりつ》し、夫婦《ふうふ》が同等《どうとう》の権利《けんり》を有《ゆう》することを基本《きほん》として、相互《そうご》の協力《きょうりょく》により、維持《いじ》されなければならない。

② 配偶者《はいぐうしゃ》の選択《せんたく》、財産権《ざいさんけん》、相続《そうぞく》*、住居《じゅうきょ》の選定《せんてい》、離《り》婚並《こんなら》びに婚姻及《こんいんおよ》び家族《かぞく》に関《かん》するその他《た》の事項《じこう》に関《かん》しては、法律《ほうりつ》は、個人《こじん》の尊厳《そんげん》と両性《りょうせい》の本質的平等《ほんしつてきびょうどう》に立脚《りっきゃく》して、制定《せいてい》されなければならない。

す。ただ、**公共の福祉**による制限も精神的自由よりやや強く受けます。人々の移動を認めることではじめて自由な経済活動が可能になることから、国内外への**移転や移住の自由**もここに保障されています。

▲一三条の**個人の尊重**をふまえて、夫婦は対等な立場であることを明記しています。性別分業や男らしさ・女らしさなどという行動規範にとらわれず、各自が自由な選択をすることができます。

＊相続　法律で、人が死亡した場合に、その者と一定の親族関係にある者が財産上の権利義務を継承すること。

第二五条

① すべて国民《こくみん》は、健康《けんこう》で文化的《ぶんかてき》な最低限度《さいていげんど》の生活《せいかつ》を営《いとな》む権利《けんり》を有《ゆう》する。

② 国《くに》は、すべての生活部面《せいかつぶめん》について、社会福祉《しゃかいふくし》、社会保障《しゃかいほしょう》及《およ》び公衆衛生《こうしゅうえいせい》の向上《こうじょう》及《およ》び増進《ぞうしん》に努《つと》めなければならない。

第二六条

① すべて国民《こくみん》は、法律《ほうりつ》の定《さだ》めるところにより、その能力《のうりょく》に応《おう》じて、ひとしく教育《きょういく》を受《う》ける権利《けんり》を有《ゆう》する。

▲二十世紀になって、社会的経済的弱者を国が保護し、実質的平等を実現するために保障されるようになった新しい権利である**社会権**の原則的な規定です。

▲誰もが一個人、一市民として成長し、人格を発展させていくために、学習する権利を持っています。とくに子どもには、必要な教育を大人に対して要求する権利が保障され

② すべて国民《こくみん》は、法律《ほうりつ》の定《さだ》めるところにより、その保護《ほご》する子女《しじょ》に普通教育《ふつうきょういく》を受《う》けさせる義務《ぎむ》を負《お》ふ《う》。義務教育《ぎむきょういく》は、これを無償《むしょう》とする。

第二七条

① すべて国民《こくみん》は、勤労《きんろう》の権利《けんり》を有《ゆう》し、義務《ぎむ》を負《お》ふ《う》。

② 賃金《ちんぎん》、就業時間《しゅうぎょうじかん》、休息《きゅうそく》その他《た》の勤労条件《きんろうじょうけん》に関《かん》する基準《きじゅん》は、法律《ほうりつ》でこれを定《さだ》める。

③ 児童《じどう》は、これを酷使《こくし》してはならない。

第二八条　勤労者《きんろうしゃ》の団結《だんけつ》する権利《けんり》及《およ》び団体交渉《だんたいこうしょう》その

ています。子どもへの教育は、子どもの学習権を充足させるためのもので、大人たちの都合のいいように子どもを教育することではありません。

▲経済的弱者である労働者が低賃金や過重労働などの不利な条件を強いられてきた歴史的経緯をふまえ、**労働条件**設定に国が関与して労働者の立場を保護しようとするための規定です。

▲**団結権**、**団体交渉権**、**団体行動権**は、あわせて労働三権

他《た》の団体行動《だんたいこうどう》をする権利《けんり》は、これを保障《ほしょう》する。

第二九条

①財産権《ざいさんけん》は、これを侵《おか》してはならない。

②財産権《ざいさんけん》の内容《ないよう》は、公共《こうきょう》の福祉《ふくし》に適合《てきごう》するやうに、法律《ほうりつ》でこれを定《さだ》める。

③私有財産《しゆうざいさん》は、正当《せいとう》な補償《ほしょう》の下《もと》に、これを公共《こうきょう》のために用《もち》ひることができる。

第三〇条　国民《こくみん》は、法律《ほうりつ》の定《さだ》めるところにより、納《のう》税《ぜい》の義務《ぎむ》を負《お》ふ。

と呼ばれています。弱い立場にある労働者と雇用者を対等な立場に立たせることを目的としたものです。

▲フランス革命以降、市民から強く求められてきた個人の**財産権**を保障しています。ただし、人の生命や健康などに対する危害や災害の防止のために制約を受けたり、私的独占の禁止など政治的な制約を受けることもあります。

▲教育を受けさせる義務、勤労の義務と並んで、数少ない国民の**義務**規定のひとつです。税金は、天皇や日本で生活する外国人も負担します。

第三一条　何人《なんぴと》も、法律《ほうりつ》の定《さだ》める手続《てつづき》によらなければ、その生命《せいめい》若《も》しくは自由《じゆう》を奪《うば》はれ、又《また》はその他《た》の刑罰《けいばつ》を科《か》せられない。

第三二条　何人《なんぴと》も、裁判所《さいばんしょ》において裁判《さいばん》を受《う》ける権利《けんり》を奪《うば》はれない。

第三三条　何人《なんぴと》も、現行犯《げんこうはん》として逮捕《たいほ》される場合《ばあい》を除《のぞ》いては、権限《けんげん》を有《ゆう》する司法官憲《しほうかんけん》*が発《はっ》し、且《か》つ理由《りゆう》となつてゐ《い》る犯罪《はんざい》を明示《めいじ》する令状《れいじょう》によらなければ、逮捕《たいほ》されない。

▲大日本帝国憲法のもとでは治安維持法など、人々を弾圧する法律が数多くありました。しかし、立憲主義国家ではそうした不正は許されません。国家権力による人権侵害の危険がもっとも高まるのが、逮捕や**刑罰**を行うときです。そのため、憲法は**刑事手続**について、三一～四〇条においてとくに詳細な規定を定め、人身の自由を保障しました。

　条文上は刑事手続を法律で定めることだけが要求されていますが、手続を適正化することで公権力を拘束することにより**人身の自由**（*）を確保し、国民の人権を保障していこうという趣旨です。

　三三～三五条までは被疑者

第三四条　何人《なんぴと》も、理由《りゆう》を直《ただ》ちに告《つ》げられ、且《か》つ、直《ただ》ちに弁護人《べんごにん》に依頼《いらい》する権利《けんり》を与《あたえ》へられなければ、抑留《よくりゅう》*又《また》は拘禁《こうきん》*されない。又《また》、何人《なんぴと》も、正当《せいとう》な理由《りゆう》がなければ、拘禁《こうきん》されず、要求《ようきゅう》があれば、その理由《りゆう》は、直《ただ》ちに本人及《ほんにんおよ》びその弁護人《べんごにん》の出席《しゅっせき》する公開《こうかい》の法廷《ほうてい》で示《しめ》されなければならない。

第三五条
① 何人《なんぴと》も、その住居《じゅうきょ》、書類及《しょるいおよ》び所持品《しょじひん》について、侵入《しんにゅう》、捜索及《そうさくおよ》び押収《おうしゅう》を受《う》けることのない権利《けんり》は、第《だい》三十三条《じょう》の場合《ばあい》を除《のぞ》いては、正当《せいとう》な理由《りゆう》に基《もと》づいて発《はっ》せられ、且《か》つ捜索《そうさく》する場所及《ばしょおよ》び押収《おうしゅう》する物《もの》を

の権利についての規定です。

＊人身の自由　人の身体が他人による拘束を受けないこと。

＊司法官憲　司法に関する職務を行う公務員。広義では検察官・司法警察職員を含むが、憲法上は裁判官をさす。

▲抑留・拘禁ともに人身の自由に対する重大な侵害です。身体を拘束され、社会から遮断された被疑者が不当な扱いを受けることがないよう、規定が定められています。

＊抑留　逮捕の後の一時的な身体拘束。

＊拘禁　人を捕らえて、比較的長期間一定の場所に閉じ込め、身体の自由を拘束すること。

明示《めいじ》する令状《れいじょう》がなければ、侵《おか》されない。

② 捜索《そうさく》又《また》は押収《おうしゅう》は、権限《けんげん》を有《ゆう》する司法官憲《しほうかんけん》が発《はっ》する各別《かくべつ》の令状《れいじょう》により、これを行《おこな》ふ。

第三六条　公務員《こうむいん》による拷問《ごうもん》＊及《およ》び残虐《ざんぎゃく》な刑罰《けいばつ》は、絶対《ぜったい》にこれを禁《きん》ずる。

第三七条

① すべて刑事事件《けいじじけん》においては、被告人《ひこくにん》＊は、公平《こうへい》な裁判所《さいばんしょ》の迅速《じんそく》な公開裁判《こうかいさいばん》を受《う》ける権利《けんり》を有《ゆう》する。

② 刑事被告人《けいじひこくにん》は、すべての証人《しょうにん》に対《たい》して審問《しんもん》する機会《きかい》を充分《じゅうぶん》に与《あたえ》へられ、又《また》、公費《こうひ》で自己《じこ》のために

▲**拷問と残虐な刑罰**は、**絶対に**禁止されています。この「絶対に」が重要で、公共の福祉による例外も認められません。

＊**拷問**　身体の自由を奪ったうえで肉体的・精神的に痛めつけることにより、要求に従うように強要すること。

▲三六～四〇条までは、被告人の権利について規定されています。刑事裁判ではもっとも重大な人権侵害を伴うため、被告人の人権として、**公平・迅速・公開**の裁判を受ける権利などを保障しています。

＊**被告人**　犯罪の嫌疑を受け、検察官により起訴された者。

強制的手続《きょうせいてきてつづき》により証人《しょうにん》を求《もと》める権利《けんり》を有《ゆう》する。

③　刑事被告人《けいじひこくにん》は、いかなる場合《ばあい》にも、資格《しかく》を有《ゆう》する弁護人《べんごにん》を依頼《いらい》することができる。被告人《ひこくにん》が自《みずか》らこれを依頼《いらい》することができないときは、国《くに》でこれを附《ふ》する。

第三八条

①　何人《なんぴと》も、自己《じこ》に不利益《ふりえき》な供述《きょうじゅつ》を強要《きょうよう》されない。

②　強制《きょうせい》、拷問若《ごうもんも》しくは脅迫《きょうはく》による自白又《じはくまた》は不当《ふとう》に長《なが》く抑留若《よくりゅうも》しくは拘禁《こうきん》された後《のち》の自白《じはく》は、これを証拠《しょうこ》とすることができない。

③　何人《なんぴと》も、自己《じこ》に不利益《ふりえき》な唯一《ゆいいつ》の証拠《しょうこ》が本人《ほんにん》の自《じ》

▲第①項で定められた供述拒否権は、刑事手続における被疑者や被告人に限らず、証人にも適用され、刑事責任を問われる可能性のある自白を強要されることはありません。②、③項は自白を証拠とする場合の規定です。

白《はく》である場合《ばあい》には、有罪《ゆうざい》とされ、又《また》は刑罰《けいばつ》を科《か》せられない。

第三九条　何人《なんぴと》も、実行《じっこう》の時《とき》に適法《てきほう》であつた行為《こうい》又《また》は既《すで》に無罪《むざい》とされた行為《こうい》については、刑事上《けいじじょう》の責《せき》任《にん》を問《と》はれない。又《また》、同一《どういつ》の犯罪《はんざい》について、重《かさ》ねて刑事上《けいじじょう》の責任《せきにん》を問《と》はれない。

第四〇条　何人《なんぴと》も、抑留又《よくりゅうまた》は拘禁《こうきん》された後《のち》、無罪《むざい》の裁判《さいばん》を受《う》けたときは、法律《ほうりつ》の定《さだ》めるところにより、国《くに》にその補償《ほしょう》を求《もと》めることができる。

▲ある行為をしたときにはそれを犯罪として取り締まる法律がなかったのに、あとから法律ができて罰せられたのでは、人は自由に行動することができません。また、同じ事件について、二重に処罰することも、処罰の危険にさらすことも許されません。

▲真犯人であると信じて逮捕し起訴したところ、実は無罪で無罪判決が出ることもあります。その際に身体的拘束を受けた被告人は、捜査機関に故意・過失がなかった場合でも、国に補償を求めることができます。

第四章　国会《こっかい》

第四一条　国会《こっかい》は、国権《こっけん》の最高機関《さいこうきかん》であつて、国《くに》の唯一《ゆいいつ》の立法機関《りっぽうきかん》である。

第四二条　国会《こっかい》は、衆議院《しゅうぎいん》及《およ》び参議院《さんぎいん》の両議院《りょうぎいん》でこれを構成《こうせい》する。

第四三条
①　両議院《りょうぎいん》は、全国民《ぜんこくみん》を代表《だいひょう》する選挙《せんきょ》された議員《ぎいん》でこれを組織《そしき》する。

▲四一条は、六五条、七六条①項とともに、立法・行政・司法の三権分立を規定しています。権力をひとつの機関に集中させないことで、権力の暴走を防ぐしくみです。条文に、国会は**国権の最高機関**とありますが、これは国会が内閣や裁判所を統括するという意味ではなく、主権者である国民に直接選ばれていて、国政の中心的な地位にあることを強調していると解されています。

▲衆参どちらの議員も、全国の各選挙区の代表なのではなく、**全国民**の**代表者**です。国会で、選挙区の有権者の意思に添って活動しなかったとしても、責任は問われません。

② 両議院《りょうぎいん》の議員《ぎいん》の定数《ていすう》*は、法律《ほうりつ》でこれを定《さだ》める。

第四四条　両議院《りょうぎいん》の議員《ぎいん》及《およ》びその選挙人《せんきょにん》の資格《しかく》は、法律《ほうりつ》でこれを定《さだ》める。但《ただ》し、人種《じんしゅ》、信条《しんじょう》、性別《せいべつ》、社会的身分《しゃかいてきみぶん》、門地《もんち》、教育《きょういく》、財産又《ざいさんまた》は収入《しゅうにゅう》によつて差別《さべつ》してはならない。

第四五条　衆議院議員《しゅうぎいんぎいん》の任期《にんき》*は、四年《ねん》とする。但《ただ》し、衆議院解散《しゅうぎいんかいさん》の場合《ばあい》には、その期間満了前《きかんまんりょうまえ》に終了《しゅうりょう》する。

第四六条　参議院議員《さんぎいんぎいん》の任期《にんき》は、六年《ねん》とし、三年《ねん》ご

***議員の定数**　議会を構成すべき議員の総数。

▲**公職選挙法**で、選挙権は日本国民である満20歳以上の者、被選挙権については日本国民であることと、衆議院で満25歳以上、参議院で30歳以上であることを必要としています。また、禁錮以上の受刑者など一定の者の選挙権・被選挙権を否定しています。財産や収入、性による**差別**なしに選挙権が与えられる普通選挙や、一人一票の原則（平等選挙）が求められます。

▲**国会議員の任期**を定めることにより、任期満了時の選挙で、有権者は自分の意思を国会に反映することができます。衆議院議員は参議院議員より

とに議《ぎ》員《いん》の半数《はんすう》を改選《かいせん》する。

第四七条　選挙区《せんきょく》、投票《とうひょう》の方法《ほうほう》その他《た》両議院《りょうぎいん》の議員《ぎいん》の選挙《せんきょ》に関《かん》する事項《じこう》は、法律《ほうりつ》でこれを定《さだ》める。

第四八条　何人《なんぴと》も、同時《どうじ》に両議院《りょうぎいん》の議員《ぎいん》たることはできない。

第四九条　両議院《りょうぎいん》の議員《ぎいん》は、法律《ほうりつ》の定《さだ》めるところにより、国庫《こっこ》から相当額《そうとうがく》の歳費《さいひ》を受《う》ける。

第五〇条　両議院《りょうぎいん》の議員《ぎいん》は、法律《ほうりつ》の定《さだ》める場合《ばあい》を除《のぞ》

も任期が短く、任期満了前でも解散があるため、より国民の意思を反映しているといえるので、憲法はいくつかの衆議院の優越を認めています。

＊任期　公務員に就任した者がその地位にある一定の期間をいい、無期限にその地位にあることによって権力が強大になるのを防ぎ、選任する者の影響力を確保しようとするために設けられたもの。

▲財力のない者も国会議員になることができるよう、「一般職の国家公務員の最高の給与額より少なくない歳費」が保障されています(国会法35条)。

▲議員の不逮捕特権は、歳費受領権(四九条)、免責特権(五

いては、国会《こっかい》の会期中逮捕《かいきちゅうたいほ》されず、会期前《かいきまえ》に逮捕《たいほ》された議員《ぎいん》は、その議院《ぎいん》の要求《ようきゅう》があれば、会期中《かいきちゅう》これを釈放《しゃくほう》しなければならない。

第五一条　両議院《りょうぎいん》の議員《ぎいん》は、議院《ぎいん》で行《おこな》った演説《えんぜつ》、討《とう》論《ろん》又《また》は表決《ひょうけつ》について、院外《いんがい》で責任《せきにん》を問《と》はれない。

第五二条　国会《こっかい》の常会《じょうかい》*は、毎年《まいねん》一回《かい》これを召集《しょうしゅう》する。

第五三条　内閣《ないかく》は、国会《こっかい》の臨時会《りんじかい》*の召集《しょうしゅう》を決定《けってい》することができる。いづ《ず》れかの議院《ぎいん》の総議員《そうぎいん》の四分《ぶん》の一以上《いじょう》の要求《ようきゅう》があれば、内閣《ないかく》は、その召集《しょうしゅう》を決定《けってい》

一条）と並ぶ議員特権のひとつです。警察・検察という行政権から立法権の担い手である国会議員を守ろうという趣旨です。

▲五一条は、国会議員の言論活動の自由を保障しようとしたものです。

＊常会　いわゆる通常国会。毎年一月中に召集され、会期は百五十日。会期延長は一回に限り認められる（国会法）。

▲通常国会閉会後、秋に臨時国会を開会するのが通例となっていますが、どちらかの**議員の四分の一以上**（少数派の意見を尊重するために低い数字

しなければならない。

第五四条

① 衆議院《しゅうぎいん》が解散《かいさん》されたときは、解散《かいさん》の日《ひ》から四十日以内《にちいない》に、衆議院議員《しゅうぎいんぎいん》の総選挙《そうせんきょ》を行《おこな》ひ、その選挙《せんきょ》の日《ひ》から三十日以内《にちいない》に、国会《こっかい》を召集《しょうしゅう》しなければならない。

② 衆議院《しゅうぎいん》が解散《かいさん》されたときは、参議院《さんぎいん》は、同時《どうじ》に閉会《へいかい》となる。但《ただ》し、内閣《ないかく》は、国《くに》に緊急《きんきゅう》の必要《ひつよう》があるときは、参議院《さんぎいん》の緊急集会《きんきゅうしゅうかい》＊を求《もと》めることができる。

③ 前項但書《ぜんこうただしがき》の緊急集会《きんきゅうしゅうかい》において採《と》られた措置《そち》は、

が定められました）の要求があるときは必ず開会しなければなりません。

＊**臨時会**　常会が行われていないときに国会の活動が必要になった場合にそなえ、設けられた制度。臨時国会とも。

▲国民から選ばれた国会議員の地位を内閣が一斉に奪ってしまう**解散**が民主的な意味を持つとしたら、それは解散に続く**総選挙**で民意を問うことになるからです。そこで、解散後の総選挙については、任期満了後の総選挙とは異なり、とくに憲法で選挙までの期間を限定しました。衆議院解散後は参議院も同時に**閉会**となります（両院同時活動の原則）。

＊**緊急集会**　国会閉会中の緊

臨時《りんじ》のものであつて、次《つぎ》の国会開会《こっかいかいかい》の後十日以内《のちとおかいない》に、衆議院《しゅうぎいん》の同意《どうい》がない場合《ばあい》には、その効力《こうりょく》を失《うしな》ふ《う》。

第五五条　両議院《りょうぎいん》は、各〻《おのおの》その議員《ぎいん》の資格《しかく》に関《かん》する争訟《そうしょう》*を裁判《さいばん》する。但《ただ》し、議員《ぎいん》の議席《ぎせき》を失《うしな》はせるには、出席議員《しゅっせきぎいん》の三分《ぶん》の二以上《いじょう》の多数《たすう》による議決《ぎけつ》を必要《ひつよう》とする。

第五六条
①　両議院《りょうぎいん》は、各〻《おのおの》その総議員《そうぎいん》の三分《ぶん》の一以上《いじょう》の出席《しゅっせき》がなければ、議事《ぎじ》*を開《ひら》き議決《ぎけつ》することができな

急事態に対処するために用意された制度。あくまで臨時の処置であり、改憲発議のような重要な案件は議決できない。

▲権力分立の観点から、各議院が内閣・裁判所の国家機関や他の議院から監督や干渉を受けずに、その内部組織や運営などについて自主的に決定できる権能を議院の自律権といいます。このため、議員の資格についての争いも各議院が自分たちで決めることになっています。

***争訟**　訴えを起こして争うこと。訴訟よりも広い意味で使われる。

▲両議院が議事を行い議決をするために要求される必要最

い。

② 両議院《りょうぎいん》の議事《ぎじ》は、この憲法《けんぽう》に特別《とくべつ》の定《さだめ》のある場《ば》合《あい》を除《のぞ》いては、出席議員《しゅっせきぎいん》の過半数《かはんすう》でこれを決《けっ》し、可否同数《かひどうすう》のときは、議長《ぎちょう》の決《けっ》するところによる。

第五七条

① 両議院《りょうぎいん》の会議《かいぎ》は、公開《こうかい》とする。但《ただ》し、出席議員《しゅっせきぎいん》の三分《ぶん》の二以上《いじょう》の多数《たすう》で議決《ぎけつ》したときは、秘密会《ひみつかい》を開《ひら》くことができる。

② 両議院《りょうぎいん》は、各々《おのおの》その会議《かいぎ》の記録《きろく》を保存《ほぞん》し、秘密《ひみつ》会《かい》の記録《きろく》の中《なか》で特《とく》に秘密《ひみつ》を要《よう》すると認《みと》められるもの以外《いがい》は、これを公表《こうひょう》し、且《か》つ一般《いっぱん》に頒布《はんぷ》＊しなけ

小限の出席議員数について定めています。

＊議事　会合し、審議すること。また、その内容。

▲国会での審議討論の過程が**公開**され、国民の知る権利に応えることは、国民に選挙の際の判断材料を提供するという点で重要ですし、国政を監視・批判するという意味でも不可欠です。そこで、**秘密会**の開催については、これを限定するために出席議員の三分の二以上という多数の賛成が必要と定めています。

＊頒布　物品や資料などを、広く配ること。

ればならない。

③ 出席議員《しゅっせきぎいん》の五分《ぶん》の一以上《いじょう》の要求《ようきゅう》があれば、各議《かくぎ》員《いん》の表決《ひょうけつ》は、これを会議録《かいぎろく》に記載《きさい》しなければならない。

第五八条

① 両議院《りょうぎいん》は、各々《おのおの》その議長《ぎちょう》その他《た》の役員《やくいん》を選任《せんにん》する。

② 両議院《りょうぎいん》は、各々《おのおの》その会議《かいぎ》その他《た》の手続《てつづき》及《およ》び内部《ないぶ》の規律《きりつ》に関《かん》する規則《きそく》を定《さだ》め、又《また》、院内《いんない》の秩序《ちつじょ》をみだした議員《ぎいん》を懲罰《ちょうばつ》*することができる。但《ただ》し、議員《ぎいん》を除名《じょめい》するには、出席議員《しゅっせきぎいん》の三分《ぶん》の二以上《いじょう》の多数《たすう》

▲五〇条の会期前に逮捕された議員に対する釈放要求権や、五五条の議員の資格争訟裁判権と並ぶ議院の自律権についての規定です。自律権の重要性に照らし合わせて、議院の自律権に関する事項については**懲罰**を含め、裁判所ですら関与することはできません。

＊**懲罰**　規則やルールに反する行為を行った者に対し、罰を与えてこらしめること。

による議決《ぎけつ》を必要《ひつよう》とする。

第五九条

① 法律案《ほうりつあん》は、この憲法《けんぽう》に特別《とくべつ》の定《さだめ》のある場合《ばあい》を除《のぞ》いては、両議院《りょうぎいん》で可決《かけつ》したとき法律《ほうりつ》となる。

② 衆議院《しゅうぎいん》で可決《かけつ》し、参議院《さんぎいん》でこれと異《こと》なつた議決《ぎけつ》をした法律案《ほうりつあん》は、衆議院《しゅうぎいん》で出席議員《しゅっせきぎいん》の三分《ぶん》の二以《い》上《じょう》の多《た》数《すう》で再《ふたた》び可決《かけつ》したときは、法律《ほうりつ》となる。

③ 前項《ぜんこう》の規定《きてい》は、法律《ほうりつ》の定《さだ》めるところにより、衆《しゅう》議院《ぎいん》が、両議院《りょうぎいん》の協議会《きょうぎかい》を開《ひら》くことを求《もと》めることを妨《さまた》げない。

④ 参議院《さんぎいん》が、衆議院《しゅうぎいん》の可決《かけつ》した法律案《ほうりつあん》を受《う》け取《と》つ

▲国民が選んだ代表者からなる国会が唯一の立法機関であるため、立法は、ある特殊な例外を除いては国会の意思だけで完結し、他の機関の関与を許していません。これを国会単独立法の原則といいます。法律は**両議院で可決したとき**に成立するのが原則ですが、②項では、衆議院の優越のひとつとして、その例外を定めています。また、④項は衆議院が送付した法律案を参議院が会期満了まで放置して握りつぶしてしまうことを防止するための規定です。

た後《のち》、国会休会中《こっかいきゅうかいちゅう》の期間《きかん》を除《のぞ》いて六十日以内《にちいない》に、議決《ぎけつ》しないときは、衆議院《しゅうぎいん》は、参議院《さんぎいん》がその法律《ほうりつ》案《あん》を否決《ひけつ》したものとみなすことができる。

第六〇条

① 予算《よさん》*は、さきに衆議院《しゅうぎいん》に提出《ていしゅつ》しなければならない。

② 予算《よさん》について、参議院《さんぎいん》で衆議院《しゅうぎいん》と異《こと》なつた議決《ぎけつ》をした場合《ばあい》に、法律《ほうりつ》の定《さだ》めるところにより、両議《りょうぎ》院《いん》の協議会《きょうぎかい》を開《ひら》いても意見《いけん》が一致《いっち》しないとき、又《また》は参議院《さんぎいん》が、衆議院《しゅうぎいん》の可決《かけつ》した予算《よさん》を受《う》け取《と》つた後《のち》、国会休会中《こっかいきゅうかいちゅう》の期間《きかん》を除《のぞ》いて三十日以内《にちいない》に、

▲**予算**の作成は内閣に権限がありますが、民主的コントロールを及ぼすために、八六条で国会の**審議**と**議決**が必要だと定めています。六〇条では、その議決方法について定めてあります。衆議院のほうがより国民の意見を反映していると考えられるため、先に予算について話し合う権限が与えられ、議決についても衆議院の優越が認められています。

＊予算　一定期間における政府の収入・支出などについての計画。国民が負担する税金

議決《ぎけつ》しないときは、衆議院《しゅうぎいん》の議決《ぎけつ》を国会《こっかい》の議決《ぎけつ》とする。

第六一条　条約《じょうやく》*の締結《ていけつ》に必要《ひつよう》な国会《こっかい》の承認《しょうにん》については、前条第二項《ぜんじょうだいこう》の規定《きてい》を準用《じゅんよう》する。

第六二条　両議院《りょうぎいん》は、各〻《おのおの》国政《こくせい》に関《かん》する調査《ちょうさ》を行《おこな》ひ、これに関《かん》して、証人《しょうにん》の出頭《しゅっとう》及《およ》び証言《しょうげん》並《なら》びに記録《きろく》の提出《ていしゅつ》を要求《ようきゅう》することができる。

第六三条　内閣総理大臣《ないかくそうりだいじん》その他《た》の国務大臣《こくむだいじん》は、両議院《りょうぎいん》の一に議席《ぎせき》を有《ゆう》すると有《ゆう》しないとにかかはら

をどのように調達し、使っていくのかを決めるもの。

▲**条約**は国民生活に重大な影響を与えるため、国会による承認を必要としています。ここでも衆議院の優越が認められています。

＊条約　国家間または国家と国際機関間の文書による合意。

▲国会が権能を十分に果たしていくためには、国政上のさまざまな事実を知り、適切な判断を下していかなければなりません。このために必要な調査をする権限（国政調査権）を各議院に与えました。

▲憲法は、内閣が国会に対して連帯責任を負うという議院内閣制を採用しています。こ

ず、何時《なんどき》でも議案《ぎあん》について発言《はつげん》するため議院《ぎいん》に出《しゅっ》席《せき》することができる。又《また》、答弁又《とうべんまた》は説明《せつめい》のため出《しゅっ》席《せき》を求《もと》められたときは、出席《しゅっせき》しなければならない。

第六四条

① 国会《こっかい》は、罷免《ひめん》の訴追《そつい》を受《う》けた裁判官《さいばんかん》を裁判《さいばん》するため、両議院《りょうぎいん》の議員《ぎいん》で組織《そしき》する弾劾《だんがい》＊裁判所《さいばんしょ》を設《もう》ける。

② 弾劾《だんがい》に関《かん》する事項《じこう》は、法律《ほうりつ》でこれを定《さだ》める。

のため、内閣の構成員である**国務大臣**には、国会議員であるか否かを問わず、議院への出席権と出席義務があります。

▲裁判官が公正な裁判をするためには、外部から圧力や干渉を受けることなく職権を行使できるようにすることが不可欠です。そこで憲法は裁判官の職権行使の独立を規定し、裁判官の身分を保障しました。この反面、裁判官の独善は許されてはなりません。そこで、司法権を民主的にコントロールするために国会議員による**弾劾裁判**を認めました。

＊弾劾　法令によって身分保障された公務員の非行に対し、国会の訴追によって罷免または処罰する手続。

第五章　内閣《ないかく》

第六五条　行政《ぎょうせい》*権《けん》は、内閣《ないかく》に属《ぞく》する。

第六六条

① 内閣《ないかく》は、法律《ほうりつ》の定《さだ》めるところにより、その首《しゅ》長《ちょう》たる内閣総理大臣《ないかくそうりだいじん》及《およ》びその他《た》の国務大臣《こくむだいじん》でこれを組織《そしき》する。

② 内閣総理大臣《ないかくそうりだいじん》その他《た》の国務大臣《こくむだいじん》は、文民《ぶんみん》*でなければならない。

③ 内閣《ないかく》は、行政権《ぎょうせいけん》の行使《こうし》について、国会《こっかい》に対《たい》し連《れん》

▲四一条、七六条①項とともに三権分立を表しています。

＊行政　分立する三権のうちのひとつで、国家が行う働きのうち国会と裁判所の権能以外のすべてをさす。その内容は広範多岐にわたる。

▲明治憲法下の総理大臣は、他の国務大臣と対等の権限しかありませんでしたが、日本国憲法では総理大臣の権限を強化し、「首長」としての地位を与えました。③項で、内閣が国会に対して責任を負う議院内閣制を示す規定です。

＊文民　職業軍人の経歴をもたない者。軍事的思想に深く染まっていると考えられる者および自衛官の職にある者以外の者。

帯《たい》して責任《せきにん》を負《お》ふ《う》。

第六七条

① 内閣総理大臣《ないかくそうりだいじん》は、国会議員《こっかいぎいん》の中《なか》から国会《こっかい》の議決《ぎけつ》で、これを指名《しめい》する。この指名《しめい》は、他《た》のすべての案件《あんけん》に先《さき》だつて、これを行《おこな》ふ《う》。

② 衆議院《しゅうぎいん》と参議院《さんぎいん》とが異《こと》なつた指名《しめい》の議決《ぎけつ》をした場合《ばあい》に、法律《ほうりつ》の定《さだ》めるところにより、両議院《りょうぎいん》の協《きょう》議会《ぎかい》を開《ひら》いても意見《いけん》が一致《いっち》しないとき、又《また》は衆議《しゅうぎ》院《いん》が指名《しめい》の議決《ぎけつ》をした後《のち》、国会休会中《こっかいきゅうかいちゅう》の期間《きかん》を除《のぞ》いて十日《とおか》以内《いない》に、参議院《さんぎいん》が、指名《しめい》の議決《ぎけつ》をしないときは、衆議院《しゅうぎいん》の議決《ぎけつ》を国会《こっかい》の議決《ぎけつ》とする。

▲内閣が国会に対しての責任をしっかりと負っていくために、**内閣総理大臣**は**国会議員**でなければならないとしました。政治的な空白期間を避けるため、総理大臣の指名は速やかに行う必要がありますが、衆参両議院がそれぞれ独立して議決することになっています。議決が**一致しないと**きは必ず**両院協議会**を開かなければなりません。そこでも一致しない場合、もしくは衆議院による指名のあと参議院が**10日以内に指名の議決をしない**まま放置した場合には、衆議院の議決が優越します。

第六八条
① 内閣総理《ないかくそうり》大臣《だいじん》は、国務《こくむ》大臣《だいじん》を任命《にんめい》する。但《ただ》し、その過半数《かはんすう》は、国会議《こっかいぎ》員《いん》の中《なか》から選《えら》ばれなければならない。
② 内閣総理《ないかくそうり》大臣《だいじん》は、任意《にんい》に国務《こくむ》大臣《だいじん》を罷免《ひめん》*することができる。

第六九条　内閣《ないかく》は、衆議院《しゅうぎいん》で不《ふ》信任《しんにん》の決議案《けつぎあん》を可決《かけつ》し、又《また》は信任《しんにん》の決議案《けつぎあん》を否決《ひけつ》したときは、十日《とおか》以《い》内《ない》に衆議院《しゅうぎいん》が解散《かいさん》されない限《かぎ》り、総辞職《そうじしょく》をしなければならない。

▲内閣総理大臣は、**国務大臣**の**任命権**と**罷免権**を持ちます。閣内における総理大臣の統率力を強めるためです。また、議院内閣制を徹底させるため、国務大臣の**過半数**は国会議員から選ばなければなりません。
▲衆議院で**内閣不信任決議案**が可決されるか**信任決議案**が否決された場合、内閣は**衆議院の解散**か**総辞職**かの選択を迫られます。衆議院を解散した場合でも、総選挙後の特別国会が召集されたときには総辞職しなければならないことが七〇条で定められています。衆議院だけに認められた不信任決議は、国会から内閣への法的抑制力として機能します。

第七〇条　内閣総理《ないかくそうり》大臣《だいじん》が欠《か》けたとき、又《また》は衆議院《しゅうぎいん》議《ぎ》員総選挙《いんそうせんきょ》の後《のち》に初《はじ》めて国会《こっかい》の召集《しょうしゅう》があつたときは、内閣《ないかく》は、総辞職《そうじしょく》をしなければならない。

第七一条　前《ぜん》二条《じょう》の場《ば》合《あい》には、内閣《ないかく》は、あらたに内《ない》閣総理《かくそうり》大臣《だいじん》が任命《にんめい》されるまで引《ひ》き続《つづ》きその職務《しょくむ》を行《おこな》ふ。

第七二条　内閣総理《ないかくそうり》大臣《だいじん》は、内閣《ないかく》を代表《だいひょう》して議案《ぎあん》を国《こっ》会《かい》に提出《ていしゅつ》し、一般国務《いっぱんこくむ》及《およ》び外交関係《がいこうかんけい》について国《こっ》会《かい》に報告《ほうこく》し、並《なら》びに行政各部《ぎょうせいかくぶ》を指揮《しき》監督《かんとく》する。

▲新たな総理大臣が国会で指名され、天皇に**任命されるまで**は、行政の運営を円滑に行っていくために、総辞職した後もそれまでの内閣が引き続き職務を行うこととしました（残務処理内閣）。この残務処理内閣の助言と承認によって、天皇が新しい総理大臣を任命します。

▲内閣総理大臣に**内閣を代表**する権限があると定めています。「**議案を国会に提出し**」とあることから、内閣には予算以外にも法律案の提出権があるとされています。

第七三条　内閣《ないかく》は、他《た》の一般行政事務《いっぱんぎょうせいじむ》の外《ほか》、左《さ》の事務《じむ》を行《おこな》ふ。

一　法律《ほうりつ》を誠実《せいじつ》に執行《しっこう》し、国務《こくむ》を総理《そうり》する*こと。

二　外交関係《がいこうかんけい》を処理《しょり》すること。

三　条約《じょうやく》を締結《ていけつ》*すること。但《ただ》し、事前《じぜん》に、時宜《じぎ》*によつては事後《じご》に、国会《こっかい》の承認《しょうにん》を経《へ》ることを必要《ひつよう》とする。

四　法律《ほうりつ》の定《さだ》める基準《きじゅん》に従《したが》ひ、官吏《かんり》*に関《かん》する事務《じむ》を掌理《しょうり》*すること。

五　予算《よさん》を作成《さくせい》して国会《こっかい》に提出《ていしゅつ》すること。

六　この憲法《けんぽう》及《およ》び法律《ほうりつ》の規定《きてい》を実施《じっし》するために、

▲内閣が行う仕事のうち、とくに重要なものが挙げられています。条約の締結（三号）や予算の作成（五号）は内閣の仕事ですが、それぞれ国民に重大な影響を及ぼすため、**条約**には**国会の承認**（六一条）、**予算**は**国会の議決**（八六条）を必要としています。

***総理する**　すべてを取りまとめて整理すること。

***締結**　条約・協定などを結ぶこと。

***時宜**　適当な時期・状況。

***官吏**　国家公務員。役人。

***掌理**　ある仕事を担当してとりまとめること。

政令《せいれい》*を制定《せいてい》すること。但《ただ》し、政令《せいれい》には、特《とく》にその法律《ほうりつ》の委任《いにん》がある場合《ばあい》を除《のぞ》いては、罰則《ばっそく》を設《もう》けることができない。

七　大赦《たいしゃ》、特赦《とくしゃ》、減刑《げんけい》、刑《けい》の執行《しっこう》の免除《めんじょ》及《およ》び復権《ふっけん》*を決定《けってい》すること。

第七四条　法律《ほうりつ》及《およ》び政令《せいれい》には、すべて主任《しゅにん》の国務大臣《こくむだいじん》が署名《しょめい》し、内閣総理大臣《ないかくそうりだいじん》が連署《れんしょ》することを必要《ひつよう》とする。

第七五条　国務大臣《こくむだいじん》は、その在任中《ざいにんちゅう》、内閣総理大臣《ないかくそうりだいじん》の同意《どうい》がなければ、訴追《そつい》されない。但《ただ》し、これが

＊政令　内閣が制定する命令。

▲七四条は、成立した法律について、制定と執行の責任を明確にするための規定です。

▲検察は、刑事事件の犯人を起訴できる唯一の国家機関です。検察官が起訴が必要であると考えた場合には、たとえ**国務大臣**であっても、起訴をして裁判所の判断に委ねるべきです。しかし、国務大臣に対する起訴を無条件に許してしまうと、**訴追**された大臣の進退問題につながって内閣のまとまりを保つのが難しくなってしまうため、**総理大臣の同意**が必要であるとしました。

ため、訴追《そつい》の権利《けんり》は、害《がい》されない。

第六章　司法《しほう》

第七六条

① すべて司法権《しほうけん》*は、最高裁判所《さいこうさいばんしょ》及《およ》び法律《ほうりつ》の定《さだ》めるところにより設置《せっち》する下級裁判所《かきゅうさいばんしょ》*に属《ぞく》する。

② 特別裁判所《とくべつさいばんしょ》*は、これを設置《せっち》することができない。行政機関《ぎょうせいきかん》は、終審《しゅうしん》として裁判《さいばん》を行《おこな》ふことができない。

③ すべて裁判官《さいばんかん》は、その良心《りょうしん》に従《したが》ひ独立《どくりつ》してその職権《しょっけん》を行《おこな》ひ、この憲法及《けんぽうおよ》び法律《ほうりつ》にのみ拘束《こうそく》される。

▲**司法権**を行使するのが**裁判所**の役割です。明治憲法下とは違って、行政事件も含めたすべての事件の裁判を裁判所が行うことにしました。六四条の弾劾裁判所は、憲法が認めた例外です。③項では、公正な裁判を行っていくために裁判官が政治的な圧力を受けることがないよう、裁判官の職権の独立を保障しました。

***司法権**　具体的な争訟について、法を適用し、宣言することによって、これを裁定する国家の作用のこと。

***下級裁判所**　最高裁判所以外の裁判所のこと。高等裁判所、地方裁判所、家庭裁判所、簡易裁判所がこれにあたる。

***特別裁判所**　通常の裁判所

第七七条

① 最高裁判所《さいこうさいばんしょ》は、訴訟《そしょう》に関《かん》する手続《てつづき》、弁護士《べんごし》、裁《さい》判所《ばんしょ》の内部規律《ないぶきりつ》及《およ》び司法事務処理《しほうじむしょり》に関《かん》する事項《じこう》について、規則《きそく》を定《さだ》める権限《けんげん》を有《ゆう》する。

② 検察官《けんさつかん》は、最高裁判所《さいこうさいばんしょ》の定《さだ》める規則《きそく》に従《したがわ》はなければならない。

③ 最高裁判所《さいこうさいばんしょ》は、下級裁判所《かきゅうさいばんしょ》に関《かん》する規則《きそく》を定《さだ》める権限《けんげん》を、下級裁判所《かきゅうさいばんしょ》に委任《いにん》することができる。

第七八条　裁判官《さいばんかん》は、裁判《さいばん》により、心身《しんしん》の故障《こしょう》のために職務《しょくむ》を執《と》ることができないと決定《けってい》された場合《ばあい》

の系列の外に置かれ、特別な事件についてだけ裁判を行う裁判所。戦前の軍法会議などがそれにあたる。

▲権力分立を目的として裁判所の自主性と独立性を確保し、司法内部での**最高裁判所**の統制権と監督権を強化するとともに、最高裁に**規則制定権**を認めました。裁判所規則を制定することも一種の立法であり、これは国会を唯一の立法機関とする四一条の例外となっています。裁判所規則には検察官も一般の国民も拘束されます。

▲裁判官が独立して職権を行使していくには、身分が保障されていなければなりません。このため、罷免される場

を除《のぞ》いては、公《おおやけ》の弾劾《だんがい》によらなければ罷免《ひめん》されない。裁判官《さいばんかん》の懲戒処分《ちょうかいしょぶん》は、行政機関《ぎょうせいきかん》がこれを行《おこな》ふことはできない。

第七九条

① 最高裁判所《さいこうさいばんしょ》は、その長《ちょう》たる裁判官《さいばんかん》及《およ》び法律《ほうりつ》の定《さだ》める員数《いんずう》のその他《た》の裁判官《さいばんかん》でこれを構成《こうせい》し、その長《ちょう》たる裁判官以外《さいばんかんいがい》の裁判官《さいばんかん》は、内閣《ないかく》でこれを任命《にんめい》する。

② 最高裁判所《さいこうさいばんしょ》の裁判官《さいばんかん》の任命《にんめい》は、その任命後《にんめいご》初《はじ》めて行《おこな》はれる衆議院議員総選挙《しゅうぎいんぎいんそうせんきょ》の際国民《さいこくみん》の審査《しんさ》*に付《ふ》し、その後《のち》十年《ねん》を経過《けいか》した後初《のちはじ》めて行《おこな》はれる衆議《しゅうぎ》

面を**心身の故障**、**弾劾裁判**（六四条）、最高裁判官の**国民審査**（七九条②項）のみと限定して、行政による**懲戒処分**を禁止しました。

▲最高裁判所についての規定が列挙されています。最高裁判所長官は、内閣の指名に基づいて天皇が任命し（六条②項）、その他の裁判官は**内閣が任命**します。最高裁の裁判官は身分が保障されているため、国会議員のように任期はなく、定年（70歳）があるだけです。

②～④項で規定された**国民審査**で裁判官が**罷免**されたことはまだ一度もありませんが、裁判官の独善を防ぐための安全弁として必要な制度です。

院議員《いんぎいん》総選挙《そうせんきょ》の際更《さいさら》に審査《しんさ》に付《ふ》し、その後《ご》も同様《どうよう》とする。

③前項《ぜんこう》の場合《ばあい》において、投票者《とうひょうしゃ》の多数《たすう》が裁判官《さいばんかん》の罷免《ひめん》を可《か》とするときは、その裁判官《さいばんかん》は、罷免《ひめん》される。

④審査《しんさ》に関《かん》する事項《じこう》は、法律《ほうりつ》でこれを定《さだ》める。

⑤最高裁判所《さいこうさいばんしょ》の裁判官《さいばんかん》は、法律《ほうりつ》の定《さだ》める年齢《ねんれい》に達《たっ》した時《とき》に退官《たいかん》する。

⑥最高裁判所《さいこうさいばんしょ》の裁判官《さいばんかん》は、すべて定期《ていき》に相当額《そうとうがく》の報酬《ほうしゅう》を受《う》ける。この報酬《ほうしゅう》は、在任中《ざいにんちゅう》、これを減額《げんがく》することができない。

⑥項の裁判官の**報酬**についての規定は、司法権の独立のための身分保障を金銭面からも支えていくものです。

＊**国民審査**　直接民主制の制度のひとつで、国民が直接に法律、公務員などを審査する制度。日本では、最高裁判所裁判官を国民投票によって審査する制度をさす。

▲**下級裁判所の裁判官**も**内閣が任命**しますが、**最高裁の指名**に基づくよう枠がはめられています。三権分立の観点から、司法の自主性を尊重して、司法の独立が侵されないように配慮したものです。**任期は10年**とされていますが、最高

第八〇条
① 下級裁判所《かきゅうさいばんしょ》の裁判官《さいばんかん》は、最高裁判所《さいこうさいばんしょ》の指名《しめい》した者《もの》の名簿《めいぼ》によつて、内閣《ないかく》でこれを任命《にんめい》する。その裁判官《さいばんかん》は、任期《にんき》を十年《ねん》とし、再任《さいにん》されることができる。但《ただ》し、法律《ほうりつ》の定《さだ》める年齢《ねんれい》に達《たっ》した時《とき》には退官《たいかん》する。
② 下級裁判所《かきゅうさいばんしょ》の裁判官《さいばんかん》は、すべて定期《ていき》に相当額《そうとうがく》の報酬《ほうしゅう》を受《う》ける。この報酬《ほうしゅう》は、在任中《ざいにんちゅう》、これを減額《げんがく》することができない。

第八一条　最高裁判所《さいこうさいばんしょ》は、一切《いっさい》の法律《ほうりつ》、命令《めいれい》、規則《きそく》又《また》は処分《しょぶん》が憲法《けんぽう》に適合《てきごう》するかしないかを決定《けってい》する

裁の裁判官同様、弾劾の事由があるときや心身の故障による職務不能のときなど以外は、あくまで**再任**が原則です。公正な裁判のために、裁判官の独立は司法内部においても必要であって、上司の意に添わない裁判官が排除されるようなことがあってはならないからです。

▲日本国憲法では、通常の司法裁判所が、実際に起きた事件の解決に必要な限度で、法令または処分が憲法に適合しているか否かを審査し、判断していく「付随的違憲審査制」という制度を採用しています。違憲審査権はすべての裁判所に認められていますが、最高裁判所が最終的な判断権

権限《けんげん》を有《ゆう》する終審裁判所《しゅうしんさいばんしょ》である。

第八二条

① 裁判《さいばん》の対審及《たいしんおよ》び判決《はんけつ》は、公開法廷《こうかいほうてい》でこれを行《おこな》ふ《う》。

② 裁判所《さいばんしょ》が、裁判官《さいばんかん》の全員一致《ぜんいんいっち》で、公《おおやけ》の秩序又《ちつじょまた》は善良《ぜんりょう》の風俗《ふうぞく》を害《がい》する虞《おそれ》があると決《けっ》した場合《ばあい》には、対審《たいしん》は、公開《こうかい》しないでこれを行ふ《おこなう》ことができる。但《ただ》し、政治犯罪《せいじはんざい》、出版《しゅっぱん》に関《かん》する犯罪又《はんざいまた》はこの憲法《けんぽう》第《だい》三章《しょう》で保障《ほしょう》する国民《こくみん》の権利《けんり》が問題《もんだい》となつてゐ《い》る事件《じけん》の対審《たいしん》は、常《つね》にこれを公開《こうかい》しなければならない。

を持っています。

▲刑事事件については公開裁判を受ける権利を人権として保障しましたが(三七条①項)、八二条ではすべての裁判について**公開**を原則とすることを定めています。誰もが裁判を傍聴できますが、被告人その他の訴訟に関係する者を不当に害することは許されません。そのため、法廷での写真撮影、録音、放送は、裁判所の許可が必要です。

***財政**　国家や地方公共団体がその任務を達成するために行う経済行動のこと。

▲財政が正しく行われているかどうかは、国民にとって重大事です。そこで、行政が行

第七章　財政《ざいせい》

第八三条　国《くに》の財政《ざいせい》*を処理《しょり》する権限《けんげん》は、国会《こっかい》の議決《ぎけつ》に基《もと》いて、これを行使《こうし》しなければならない。

第八四条　あらたに租税《そぜい》を課《か》し、又《また》は現行《げんこう》の租税《そぜい》を変更《へんこう》するには、法律《ほうりつ》又《また》は法律《ほうりつ》の定《さだ》める条件《じょうけん》によることを必要《ひつよう》とする。

第八五条　国費《こくひ》を支出《ししゅつ》し、又《また》は国《くに》が債務《さいむ》を負担《ふたん》するには、国会《こっかい》の議決《ぎけつ》に基《もと》くことを必要《ひつよう》とする。

う他の仕事と区別して、とくに財政についての章を設け、国民の代表機関である国会によるコントロールを強く求めました。国家が活動するために必要な資金は国民が税金などの形で負担するのですから、その使い道は**国会の議決**に基づくべきだという財政民主主義の原則を規定したものです。

▲八四条は国家の歳入（収入）について具体的に定めています。課税要件や徴収手段などについては、誰もが理解できるよう明確な形で法律に定めなければなりません。

▲国のお金をどう使うかは財政処理の上でもっとも重要なところであり、国費の歳出は国会の議決を必要とします。

第八六条　内閣《ないかく》は、毎会計年度《まいかいけいねんど》の予算《よさん》を作成《さくせい》し、国会《こっかい》に提出《ていしゅつ》して、その審議《しんぎ》を受《う》け議決《ぎけつ》を経《へ》なければならない。

第八七条

①　予見《よけん》し難《がた》い予算《よさん》の不足《ふそく》に充《あ》てるため、国会《こっかい》の議決《ぎけつ》に基《もと》いて予備費《よびひ》を設《もう》け、内閣《ないかく》の責任《せきにん》でこれを支出《ししゅつ》することができる。

②　すべて予備費《よびひ》の支出《ししゅつ》については、内閣《ないかく》は、事後《じご》に国会《こっかい》の承諾《しょうだく》を得《え》なければならない。

▲国の財政計画について具体的に定めてあります。歳入と歳出は毎年**予算**という形で国会の**審議**と**議決**を経るべきとして、国会による財政コントロール権を明確にしています。

▲予算の歳出項目はあくまでも予測に基づくものですが、見通しにくい事情によって想定外の支出が必要になる場合があります。そこで、予算のある項目の見積もり金額に不足が生じたり、新たな項目の支出が必要になった場合に備え、**予備費**の制度を設けました。緊急事態の際はこの予備費から内閣の責任で支出できますが、その後の**国会**で**承諾**を得なければなりません。

第八八条　すべて皇室財産《こうしつざいさん》は、国《くに》に属《ぞく》する。すべて皇室《こうしつ》の費用《ひよう》は、予算《よさん》に計上《けいじょう》して国会《こっかい》の議決《ぎけつ》を経《へ》なければならない。

第八九条　公金《こうきん》その他《た》の公《おおやけ》の財産《ざいさん》は、宗教上《しゅうきょうじょう》の組織若《そしきも》しくは団体《だんたい》の使用《しよう》、便益若《べんえきも》しくは維持《いじ》のため、又《また》は公《おおやけ》の支配《しはい》に属《ぞく》しない慈善《じぜん》、教育若《きょういくも》しくは博愛《はくあい》の事業《じぎょう》に対《たい》し、これを支出《ししゅつ》し、又《また》はその利用《りよう》に供《きょう》してはならない。

第九〇条

①　国《くに》の収入支出《しゅうにゅうししゅつ》の決算《けっさん》は、すべて毎年会計検査《まいねんかいけいけんさ》

▲明治憲法時代は、天皇と皇族の財産は一般の国有財産と区別され、特権的なものでした。現在は**皇室財産**はすべて国有として、皇室経費には**国会の議決**を必要とします。

▲八九条は、政教分離の原則（二〇条）を財政面からも徹底させたもので、宗教上の事業・活動に公的財産から援助することを禁止しています。

▲九〇条は、財政に関する決算の検査について定めています。事前審査を受けた国の予算が適正であったかを**会計検

院《いん》がこれを検査《けんさ》し、内閣《ないかく》は、次《つぎ》の年度《ねんど》に、その検《けん》査《さ》報告《ほうこく》とともに、これを国会《こっかい》に提出《ていしゅつ》しなければならない。

② 会計検査院《かいけいけんさいん》の組織《そしき》及《およ》び権限《けんげん》は、法律《ほうりつ》でこれを定《さだ》める。

第九一条　内閣《ないかく》は、国会及《こっかいおよ》び国民《こくみん》に対《たい》し、定期《ていき》に、少《すく》なくとも毎年《まいねん》一回《かい》、国《くに》の財政状況《ざいせいじょうきょう》について報告《ほうこく》しなければならない。

査院が審査して、**次の年度**に国会に報告します。会計検査院は内閣による財政支出を審査する立場から、内閣に対して独立の地位にある必要があります。このため、会計検査院の検査官は、裁判官のように身分が保障されています。

▲**報告しなければならない財政状況**とは、予算や決算に限らず、国有財産や債務の状況など国の財政全般を意味します。これは国民の知る権利であると同時に、政府を監視するのは主権者である国民の責任でもあります。

第八章　地方自治《ちほうじち》

第九二条　地方公共団体《ちほうこうきょうだんたい》の組織《そしき》及《およ》び運営《うんえい》に関《かん》する事項《じこう》は、地方自治《ちほうじち》の本旨《ほんし》*に基《もと》づいて、法律《ほうりつ》でこれを定《さだ》める。

第九三条

①　地方公共団体《ちほうこうきょうだんたい》には、法律《ほうりつ》の定《さだ》めるところにより、その議事機関《ぎじきかん》として議会《ぎかい》を設置《せっち》する。

②　地方公共団体《ちほうこうきょうだんたい》の長《ちょう》、その議会《ぎかい》の議員《ぎいん》及《およ》び法律《ほうりつ》の定《さだ》めるその他《た》の吏員《りいん》は、その地方公共団体《ちほうこうきょうだんたい》の住民《じゅうみん》

▲国民一人ひとりがよくならなければ国もよくならないのと同様に、国の中にあるそれぞれの地方が栄えていかなければ、国も栄えていきません。このために憲法は**地方自治**を保障しています。

＊地方自治の本旨　地方自治の本旨には住民自治と団体自治というふたつの要素があり、その両方をさす。住民自治とは、地方自治が住民の意思に基づいて行われるという民主主義的要素を、団体自治とは、地方自治が国から独立した団体に委ねられ、団体自らの意思と責任のもとでなされるという自由主義的要素をいう。

▲首長の公選制は、中央集権を基調とした明治憲法下には

が、直接《ちょくせつ》これを選挙《せんきょ》する。

第九四条　地方公共団体《ちほうこうきょうだんたい》は、その財産《ざいさん》を管理《かんり》し、事務《じむ》を処理《しょり》し、及《およ》び行政《ぎょうせい》を執行《しっこう》する権能《けんのう》を有《ゆう》し、法律《ほうりつ》の範囲内《はんいない》で条例《じょうれい》＊を制定《せいてい》することができる。

第九五条　一の地方公共団体《ちほうこうきょうだんたい》のみに適用《てきよう》される特別《とくべつ》法《ほう》は、法律《ほうりつ》の定《さだ》めるところにより、その地方公共《ちほうこうきょう》団体《だんたい》の住民《じゅうみん》の投票《とうひょう》においてその過半数《かはんすう》の同意《どうい》を得《え》なければ、国会《こっかい》は、これを制定《せいてい》することができない。

なかったものです。

▲九四条は**地方公共団体**の権能を列挙した規定です。とくに**条例**の**制定権**が認められていることが重要です。

＊**条例**　地方公共団体がその自治権に基づき、国の法律の範囲内で、国の法律とは別に制定する自主法。

▲特定の**地方公共団体だけに適用される**法を国が作る際には、それらの地方公共団体の自治権を侵害することのないよう、**住民投票**で**過半数**の同意を必要としました。国会以外の機関が立法に関与してはいけないという国会単独立法（四一条）の例外になります。立法に関する国の横暴から地方を守るための規定です。

第九章　改正《かいせい》

第九六条

① この憲法《けんぽう》の改正《かいせい》は、各議院《かくぎいん》の総議員《そうぎいん》の三分《ぶん》の二以上《いじょう》の賛成《さんせい》で、国会《こっかい》が、これを発議《はつぎ》し、国民《こくみん》に提《てい》案《あん》してその承認《しょうにん》を経《へ》なければならない。この承認《しょうにん》には、特別《とくべつ》の国民投票《こくみんとうひょう》又《また》は国会《こっかい》の定《さだ》める選挙《せんきょ》の際《さい》行《おこな》われる投票《とうひょう》において、その過半数《かはんすう》の賛成《さんせい》を必《ひつ》要《よう》とする。

② 憲法改正《けんぽうかいせい》について前項《ぜんこう》の承認《しょうにん》を経《へ》たときは、天《てん》皇《のう》は、国民《こくみん》の名《な》で、この憲法《けんぽう》と一体《いったい》を成《な》すものと

▲九六条では、**憲法の改正**を行う場合には通常の法律の改正手続よりも困難な手続を定めることによって、簡単に改正を許さないものとしました(硬性憲法)。

　また、基本的人権の尊重、平和主義、国民主権という基本原理に反する改正は許されません(憲法改正限界説*)。

　なお、二〇〇七年に成立した憲法改正手続法により、〇年から国会による憲法改正案の発議が可能となりました。

***憲法改正限界説**　憲法には、憲法の改正手続に基づいても改正できない一定の限界があるとする説。

して、直《ただ》ちにこれを公布《こうふ》する。

第一〇章　最高法規《さいこうほうき》

第九七条　この憲法《けんぽう》が日本国民《にほんこくみん》に保障《ほしょう》する基本的人権《きほんてきじんけん》は、人類《じんるい》の多年《たねん》にわたる自由獲得《じゆうかくとく》の努力《どりょく》の成果《せいか》であつて、これらの権利《けんり》は、過去幾多《かこいくた》の試錬《しれん》に堪《た》へ《え》、現在及《げんざいおよ》び将来《しょうらい》の国民《こくみん》に対《たい》し、侵《おか》すことのできない永久《えいきゅう》の権利《けんり》として信託《しんたく》されたものである。

第九八条
① この憲法《けんぽう》は、国《くに》の最高法規《さいこうほうき》であつて、その条規《じょうき》

▲人権に関わる要求や宣言の歴史を振り返ってみると、まさに苦闘の連続です。日本国憲法が保障している人権もそうした歴史の延長上にあることが示されています。九七条のような人権の本質に関わる規定がなぜ「最高法規」の章の冒頭に位置するのかは議論のあるところですが、先人たちが努力の結果**獲得**し、**保障**されるようになった人権や自由の重要性を謳うことで、憲法がなぜ最高法規なのかを示しています。

▲①項は、憲法が国内のすべての法令のなかで**最高法規**であると規定しています。憲法という法によって権力が支配されること、いわゆる「法の

に反《はん》する法律《ほうりつ》、命令《めいれい》、詔勅及《しょうちょくおよ》び国務《こくむ》に関《かん》するその他《た》の行為《こうい》の全部又《ぜんぶまた》は一部《いちぶ》は、その効力《こうりょく》を有《ゆう》しない。

② 日本国《にほんこく》が締結《ていけつ》した条約及《じょうやくおよ》び確立《かくりつ》された国際法規《こくさいほうき》は、これを誠実《せいじつ》に遵守《じゅんしゅ》することを必要《ひつよう》とする。

第九九条　天皇又《てんのうまた》は摂政及《せっしょうおよ》び国務《こくむ》大臣《だいじん》、国会議員《こっかいぎいん》、裁判官《さいばんかん》その他《た》の公務員《こうむいん》は、この憲法《けんぽう》を尊重《そんちょう》し擁護《ようご》する義務《ぎむ》を負《お》ふ《う》。

支配」のあらわれです。法の支配とは、憲法という法によって権力が支配されることを意味しています。憲法と抵触する法令その他の国家行為は違憲であり、無効になります。②項では、日本が締結した条約はすべて守っていくということを宣言しています。国際協調主義を謳ったものですが、最高法規である憲法に抵触する条約は無効となると解するのが一般的です。

▲九九条には、国民に対して「憲法を守れ」とは書いてありません。憲法を守る義務を負うのは、権力を行使する側にある公務員です。憲法と法律の役割はまったく違います。国が作って国民の自由を

第一一章　補則《ほそく》

第一〇〇条

① この憲法《けんぽう》は、公布《こうふ》の日《ひ》から起算《きさん》して六箇月《かげつ》を経《けい》過《か》した日《ひ》（昭和《しょうわ》二二・五・三）から、これを施行《しこう》する。

② この憲法《けんぽう》を施行《しこう》するために必要《ひつよう》な法律《ほうりつ》の制定《せいてい》、参議院議員《さんぎいんぎいん》の選挙及《せんきょおよ》び国会召集《こっかいしょうしゅう》の手続並《てつづきなら》びにこの憲法《けんぽう》を施行《しこう》するために必要《ひつよう》な準備手続《じゅんびてつづき》は、前項《ぜんこう》の期日《きじつ》よりも前《まえ》に、これを行《おこな》ふことができる。

制限、拘束して社会を維持していく役割をするのが法律であるのに対して、国民である私たちが国家権力を縛る役割を負うのが憲法です。つまり、国家権力を制限して、国民が自分たちの人権を守るための法——それが憲法なのです。

▲第一一章は、新憲法が完全に実施されるための諸手続について定められたもので、一〇〇～一〇三条は現在は適用されることのない規定です。

日本国憲法は一九四六年十一月三日に公布され、翌年の五月三日から実際に適用されました。この半年の間、国は国民に新しい憲法を広く知らせていくために、講演その他

第一〇一条　この憲法《けんぽう》施行《しこう》の際《さい》、参議院《さんぎいん》がまだ成立《せいりつ》してゐ《い》ないときは、その成立《せいりつ》するまでの間《あいだ》、衆議《しゅうぎ》院《いん》は、国会《こっかい》としての権限《けんげん》を行《おこな》ふ。

第一〇二条　この憲法《けんぽう》による第《だい》一期《き》の参議院議員《さんぎいんぎいん》のうち、その半数《はんすう》の者《もの》の任期《にんき》は、これを三年《ねん》とする。その議員《ぎいん》は、法律《ほうりつ》の定《さだ》めるところにより、これを定《さだ》める。

第一〇三条　この憲法《けんぽう》施行《しこう》の際《さい》現《げん》に在職《ざいしょく》する国務大《こくむだい》臣《じん》、衆議院議員《しゅうぎいんぎいん》及《およ》び裁判官《さいばんかん》並《なら》びにその他《た》の公務員《こうむいん》で、その地位《ちい》に相応《そうおう》する地位《ちい》がこの憲法《けんぽう》で認《みと》めら

の方法で普及に努めました。一九四八年には、新憲法の公布と施行の日にちなんで、十一月三日を「自由と平和を愛し、文化をすすめる日」として文化の日、五月三日を「国の成長を期する日」として憲法記念日と定められました（祝日法）。その後、旧文部省が『あたらしい憲法のはなし』『民主主義』など、わかりやすい教科書を作って憲法教育を行いましたが、一九五二年四月から姿を消してしまいました。

▲一九四五年、天皇制から民主主義体制に切り替えることを宣言して、革命的な変革が行われたとはいえ、国の政治が急激に変化して混乱するこ

れてゐる者《もの》は、法律《ほうりつ》で特別《とくべつ》の定《さだめ》をした場合《ばあい》を除《のぞ》いては、この憲法施行《けんぽうしこう》のため、当然《とうぜん》にはその地位《ちい》を失《うしな》ふことはない。但《ただ》し、この憲法《けんぽう》によつて、後任《こうにん》者《しゃ》が選挙又《せんきょまた》は任命《にんめい》されたときは、当然《とうぜん》その地位《ちい》を失《うしな》ふ。

とを避けるために、人員の交代は穏健になされました。しかし旧体制下で地位を得た公務員たちも、すべて九九条を守る義務を課せられました。

おわりに

――明治憲法から日本国憲法へ

あらためて日本国憲法を読んでみて、どのようにお感じになったでしょうか。日本国憲法は、当時の世界各国の憲法を参考とし、また「はじめに」にも書いたように明治憲法（大日本帝国憲法）の時代への反省を込めて作られました。そこで、今の憲法がどのような国を目指しているのかが、よりはっきりと浮かび上がってくるように、いくつかの特徴となる項目を明治憲法と比較してみたいと思います。

〈明治憲法から日本国憲法への、憲法価値の転換〉

戦前の日本（明治憲法）		戦後の日本（日本国憲法）
①天皇主権	↓	国民主権
②戦争し続けた国	↓	戦争しない国
③教育を利用した国	↓	教育内容に介入しない国
④宗教を利用した国	↓	政治と宗教の分離

⑤徹底した中央集権の国　↓　地方自治を保障する国
⑥障害者、女性、子どもを差別した国　↓　差別のない国
⑦貴族・財閥・大地主のいる国　↓　格差を是正する国
⑧自己責任を強いる国　↓　福祉を充実させる国
⑨国家のための個人　↓　個人のための国家
　←　　　　　　　　　　　　　　　←
国家・天皇を大切にする　↓　一人ひとりを大切にする

明治憲法も「憲法」ではありますが、市民革命を経て生み出された「近代立憲主義」とはまったく異なる性格のものです。絶対権力者である天皇によって国民に与えられたもので、天皇の権力を基礎付ける役割を果たしました。そこでは、人権もまた憲法によって守られているわけではなく、臣民の権利として、法律の範囲内で保障されるに過ぎなかったのです。

当時の日本では、人は誰もが生まれながらに基本的人権を保障されているという近代立憲主義の基本的な考え方が定着していませんでした。憲法制定を国民の人権を守るためというよりも、あくまでも国をまとめるため、条約改正を進めるためと

いう国家のために行ったので、見かけ倒しの立憲主義に終わってしまいました。これを外見的立憲主義というのですが、ヨーロッパでは後発国だったドイツも同様でした。その結果、その後の経済不況への対策など、国家的な危機に直面した両国は、ともに全体主義、そして戦争による解決に走り、近隣諸国と国民に大変な不幸を招いてしまったのです。

――民意を反映している政治権力をも縛る憲法

国民の多数の声を反映させて多数者が望んだ政治を行うことは、民主主義の観点からは当然のことのように思えます。しかし、人間の判断は常に正しいわけではありません。ときに間違いを犯します。たとえ国民の多数意思であっても、情報操作に惑わされたり、ムードや雰囲気に流されてしまうような例は、どの社会でもよくあることです。太平洋戦争時に大本営発表を信じた日本国民もそうですし、ヒトラーもドイツ国民から圧倒的な支持を受けていましたが、決してドイツ国民がユダヤ人虐殺を望んでいたわけではありません。9・11の後、イラク戦争を始めた頃のアメリカでも、大統領は高い支持を受けていましたが、結局イラクに大量破壊兵器はありませんでした。

そこで立憲主義は、その時代の多数の国民（主権者）の意思に従うことは大切だけれども、多数意見でも奪ってはいけない価値、つまり法律によっても奪えない価値を、あらかじめ憲法に規定しておくことにしたのです。それが「人権」や「平和」であり、それらは民意を受けた首長や議員であっても、また国民投票のような「ある時点の」国民自らの選択によっても、侵すことのできない価値だといえます。

――「日本国憲法改正草案」（自民党）が抱える大きな危険

自民党は二〇一二年四月二十七日に、「日本国憲法改正草案」を発表しました。自民党が野党時代に作成したものなので、純粋に自民党としての考え方の本質、本音があらわれている草案といってよいでしょう。この改正草案には、立憲主義をないがしろにし、明治憲法の価値観に逆戻りするような内容が数多く盛り込まれています。

①立憲主義の否定

例えば一〇二条一項では、主権者である国民に憲法尊重擁護義務を課し、立憲主義における憲法の本質を逆転させてしまいます。前文においても、憲法の目的を「人権保障のために権力を制限する」という役割から、「国家の継承」に差し替えてしまっています。また草案一条は、天皇が元首であると明記し、五条では天皇が行う国事行為につき「のみ」の語を外して、無制限に拡大することを許しています。さらに一〇二条二項では憲法尊重擁護義務を解除してしまっていますが、天皇を元首としておきながら、憲法で縛りをかけないのは、立憲主義に真っ向から反します。また、国民が作った憲法を超える存在として天皇を位置づけるのですから、これは国民主権を後退させるものです。

②戦争ができる国へ

平和主義に関しても根本的な変更が盛り込まれています。単に「自衛隊という名称を、国防軍に変えるだけ」ではありません。第二章を「戦争の放棄」から「安全保障」へと変えると同時に、現憲法の平和主義の三要素である戦争の放棄を骨抜きにし、戦力の不保持、交戦権の否認を否定してしまいました。

自衛隊が国防軍になれば、日本国内にも大きく影響します。草案が認めようとしている「交戦権」とは、「国際法上、交戦国に認められる権利」のことで、具体的には敵国の兵士を殺害したり、軍事施設を破壊したりすることを正当化するものです。

現行憲法下では、自衛隊員が殺人を正当化できるのは、正当防衛と緊急避難の場合だけです。交戦権を認め、殺人を目的とする国防軍を持つということは、「今の例外が原則になる」のです。我々の家族、親戚、友人、そしてとくにこれから大きくなる子どもたちは、軍に入って人殺しの訓練をする可能性が出てきます。海外で命のやり取りをすることになります。アメリカで社会問題になっているように、戦闘を経験した帰還兵は心に傷を負い、精神疾患を抱え、除隊してもなかなか仕事に就けない若者が増えてくるでしょう。

自民党の政治家の方は、必ずこう言うでしょう。「九条の平和主義は残しています。日本は戦争をする国などになりません。ちゃんと九条に戦争は放棄すると書いてあります」と。確かに草案九条一項には〝戦争を放棄する〟と書いてありますが、これは何の歯止めにもなりません。この規定は宣戦布告をして行う正規の戦争をさすのですが、こうした戦争は国連憲章でも違法とされていますし、いまどき、こんな戦争をする国はありません。どこの国も自衛権行使の名目で、また国際貢献の名の下《もと》で戦争をしているのです。

ですから、自衛権行使に何の歯止めもかけていない草案は、現在の憲法と違って、集団的自衛権を行使して容易に海外派兵を許す。アメリカのお伴をして、世界のどこででも戦争に加担することができるようになるのです。また、法律で定めれば国際協力の名の下で、多国籍軍にも自由に参加できるようになります。まさに、「普通に戦争ができる国」になるのです。

尖閣《せんかく》諸島のような領土問題や北朝鮮（朝鮮民主主義人民共和国）による脅威のような、自国を守るための軍事力を持った方がいいのではないかという人もいると思います。ですが、それはすべて個別的自衛権の問題です。今回の草案が無制限に認めようとしている集団的自衛権や国際協力のための海外派兵とは、なんの関係もありません。不安な気持ちから判断を誤って、より危険性を高めてしまうことがないようにするべきではないでしょうか。

もちろん、こうした改憲を行ったからといって、すぐに戦争をするわけではないと反論されるでしょう。戦争ができるようになったことと、戦争することとはまったく別なんだ、と。確かに、これまで檻《おり》の中に入れていたライオンを檻の外に出したからといって、すぐにライオンが暴れ出すことはないかもしれません。しかし、そのライオンが暴れ出してから後悔しても遅いのです。再び檻の中に入れることはできません。後の祭りです。わざわざそんな危険を冒す必要があるのかどうか、国民としてはしっかりと考えなければなりません。

日本は、先の大戦で自国民だけでなく周辺国にも多大な犠牲を生みだした悲惨な経験を持っています。それに対する大きな反省から、軍事力を憲法で縛るために、平和主義を前文と九条においたのです。草案は、そうした尊い犠牲の上に生み出された先進的な恒久平和主義（積極的非暴力平和主義）をあっさりと捨て去り、ごく普通の戦争をする国への転換を図ろうとしています。

③国民を縛る憲法へ

一部は紹介済みですが、国民の義務についても、改正草案では現行の三つに加えて新たに十の義務を国民に課します。

国防義務（前文三項）、日の丸・君が代尊重義務（三条）、領土・資源確保義務（九条の三）、公益及び秩序服従義務（一二条）、個人情報不正取得等禁止義務（一九条の二）、家族助け合い義務（二四条）、環境保全義務（二五条の二）、地方自治負担分担義務（九二条二項）、緊急事態指示服従義務（九九条三項）、憲法尊重擁護義務（一〇二条一項）。

この中には、日の丸・君が代のように国民の間に議論の定まっていないものもありますし、家族助け合い義務のように、本来個人や家族がそれぞれで考えるべきものについてまでも、憲法で国民の義務として定めようとしています。権利の拡大には後ろ向きで、義務拡大にばかり前のめりになっているのです。そこでは憲法は国民を国に従わせるための道具にされようとしており、国民の人権を守る立憲主義的憲法の役割からはまるっきり逆転してしまうことになります。

――憲法改正手続の緩和

改正草案発表後、総選挙を経て政権与党の座を取り戻した今、自民党は九六条を皮切りに、いよいよ改正に向けて動き出そうとしています。なぜ九六条なのか。ここにも将来に向けた危うさが潜んでいます。九六条は憲法の改正手続を定めていますが、二段階の手続を必要としています。まず国会の両議院のそれぞれ三分の二以上の賛成で改正の発議をし、次に国民投票において過半数の賛成が必要とされます。

憲法改正国民投票法は、二〇〇七年五月、第一次安倍内閣の時に成立しましたが、最低投票率を定めず、有効投票率の過半数とされているため、実際にはさほど多くない国民の賛成票によって可決されうる内容となっています。先に述べたように、我々は政治的ムードに流されて冷静な判断ができない可能性もあります。

そこで、この憲法改正の場面においては、国会による発議に三分の二という要件を課すことで、時の政権与党(多数政党)が強行採決で簡単に発議することを防止し、野党を含めた慎重な議論を行わせる仕組みを作っているのです。

しかし現在、前政権への不信感から自民党が多数の議席を確保し、それ以外にも改憲を掲げる野党が一定の議席を得ています。自民党は、改憲草案の内容に関する議論が高まる前に、まず九六条の要件を緩和し、将来にわたって自分たちの思い通りに簡単に、憲法を改正できる体制を作ろうとしているのです。

憲法によって縛られる側の国会議員たちが、自分たちを拘束する憲法の縛りをより緩やかなものにしたいと改憲要件の緩和をしようとしているのです。これは、政治家たちを縛るために憲法があるのだという立憲主義に反します。国民は主権者として、そんな都合のよい話にのる必要はまったくありません。

また、九六条改正について、日本で憲法改正が行われなかったのは、改正要件が厳しいからだと説明されることがあります。しかしそれは真実ではありません。スイスやアメリカでは、日本の規定よりもずっと厳しい改正要件が課されているにもかかわらず、数多くの改正が行われている。つまり、本当に国民が改正を望みさえすれば改正はできるのです。改正が行われなかったということは、国民が改正を望んではいなかったということに他なりません。

——誰が押しつけられたのか

もう一つ、現行憲法はアメリカによる押しつけ憲法だ、と主張する人もいます。

でも実際には、ＧＨＱが草案をまとめる際には、鈴木安蔵らの作った改憲案も参考にされていました。つまり日本人の考えも草案の中に反映されていたのです。それを「押しつけ」と感じたのは、それまでの天皇中心体制の維持を望み、明治憲法の部分的な修正で済まそうと考えていた人たちでした。実際、一九四六年五月二十七日の毎日新聞による世論調査では、内閣から示された現憲法の草案について、象徴天皇への改正には八五パーセント、戦争の放棄には七〇パーセント、国民の権利義務についても六五パーセントが賛成していました。

今日の「押しつけ」論は、明治憲法のような天皇を中心とした、国民よりも国家権力の方が上に立つ仕組みにしたい人たちが、改正の意図を正当化しようとしているに過ぎません。その本性は、戦前の体制への逆戻りに他ならないのです。つまり、旧体制を維持したかった人々が押しつけられたと感じた、というだけのことなのです。

――憲法改正を発議する正当性がない国会

さて、長く平等権の問題として語られてきた議員定数不均衡問題、いわゆる一票の格差について、裁判所が数多くの違憲判断を出しています。裁判所が憲法の番人として、その役割を果たそうとしているといえるでしょう。私は選挙においては人口に比例した区割りが行われるべきだと考え、一人一票実現訴訟に取り組んでいます。全国各地の弁護士や市民の方が訴訟に協力してくれたり、あるいは市民運動として取り組んでくれています。先の衆院選についても全国十四か所の高裁・支部に訴え、人口比例原則を認める三つの判決を勝ち取りました。また区割りについては、すべての裁判所が違憲であったと判断したのです。

しかし国会は、従来の議席＝既得権を手放したくない思いからなかなか抜本的な改正をしようとしません。不均衡の正当化の理由として「過疎地対策」を挙げる人もいますが、過疎地である北海道の議員数は大都市圏と近い扱いをされていて、参院選（選挙区）においては、四増四減の改正が行われた現在では、鳥取県と比して四・七六倍と、格差が最も大きくなってしまいました。過疎地対策が本当の理由でないことは明らかです。

平成二十三年の最高裁判決では二〇〇七年の衆院選が、平成二十四年の最高裁判決では二〇一〇年の参院選が、それぞれ区割りが「違憲状態」であったと認定しています。もはや、現在の国会議員はその多数が国民によって正当に選ばれたとはいえない、国民の正当な代表者であるとはいえない状態にあるのです。そのような国会議員によって日本国憲法が改正されることは、決して許されることではありません。

――今を生きる私たちの責任

私たちは、憲法をとりまくうねりの中で、今まさに試されています。このまま明治憲法逆戻りの改憲を許してしまうのか。あるいは国民的議論によって人類の英知たる立憲主義、日本の英知たる恒久平和主義を守り抜くことができるのか。日本国憲法の良いところを再認識し、きちんと考え、議論できるようにしていかなければなりません。

日本国憲法の良さは、互いに個人として尊重し、尊重されることです。それによって初めて、自分らしく生きることができるようになります。グローバル化が進み、安定した権威にすがって半ば人任せに生きていくことのできる時代ではなくなってきました。これからは主体的に考え、行動することが求められる社会になります。

震災、原発、基地問題。いずれも被害に苦しむのは限られた少数の人たちです。憲法はそうした少数者の人権を守り、互いに尊重し合う世の中を目指しているのです。最後にもう一度。再び戦争をしてはいけません。戦争ができる国になってはいけません。子どもたちが、安全で平和な中で自分らしく生きることができる社会を残すことは、今を生きる私たちの責任だと思います。

さて、ここまでいろいろと書いてきましたが、皆さんはどう思われましたか。ここに書いたことはすべて私の考えです。当然、違う考えの方もいらっしゃると思います。重要なことは皆さん自身で自分はこう思うという考えを持つこと、そしてそれを多くの人に話してみて、いろいろと議論する中でさらに考えを深めていくことだと思っています。憲法改正の国民投票の日に、自分の頭で考えて、自分の価値観でしっかりと責任を持って投票できるように、これからも憲法に関心を持ち続けてくださることを願っています。

二〇一三年四月

伊藤　真

大日本帝国憲法

一八八九年二月一一日発布
一九四七年五月二日廃止

告文《こうもん》

皇朕《すめらわ》レ謹《つつし》ミ畏《かしこ》ミ
皇祖《こうそ》
皇宗《こうそう》ノ神霊《しんれい》ニ誥《つ》ケ白《もう》サク皇朕《すめらわ》レ天壌無窮《てんじょうむきゅう》ノ宏《こう》
謨《ばく》ニ循《したが》ヒ惟神《ただかみ》ノ宝祚《ほうそ》ヲ承継《しょうけい》シ旧図《きゅうと》ヲ保持《ほじ》シテ
敢《あえ》テ失墜《しっつい》スルコト無《な》シ顧《かえり》ミルニ世局《せきょく》ノ進運《しんうん》ニ
膺《あた》リ人文《じんぶん》ノ発達《はったつ》ニ随《したが》ヒ宜《よろし》ク
皇祖《こうそ》
皇宗《こうそう》ノ遺訓《いくん》ヲ明徴《めいちょう》ニシ典憲《てんけん》ヲ成立《せいりつ》シ条章《じょうしょう》ヲ
昭示《しょうじ》シ内《うち》ハ以《もっ》テ子孫《しそん》ノ率由《そつゆう》スル所《ところ》ト為《な》シ外《そと》
ハ以《もっ》テ臣民翼賛《しんみんよくさん》ノ道《みち》ヲ広《ひろ》メ永遠《えいえん》ニ遵行《じゅんこう》セシメ
益〻《ますます》国家《こっか》ノ丕基《ひき》ヲ鞏固《きょうこ》ニシ八洲民生《はっしゅうみんせい》ノ慶福《けいふく》ヲ
増進《ぞうしん》スヘシ茲《ここ》ニ皇室典範及憲法《こうしつてんぱんおよびけんぽう》ヲ制定《せいてい》ス惟《おも》
フニ此《こ》レ皆《みな》
皇祖《こうそ》
皇宗《こうそう》ノ後裔《こうえい》ニ貽《のこ》シタマヘル統治《とうち》ノ洪範《こうはん》ヲ紹《しょう》
述《じゅつ》スルニ外《ほか》ナラス而《しこう》シテ朕《ちん》カ躬《みずから》ニ逮《および》テ時《とき》ト倶《とも》
ニ挙行《きょこう》スルコトヲ得《う》ルハ洵《まこと》ニ
皇祖《こうそ》
皇宗及我《こうそうおよびわ》カ
皇考《こうこう》ノ威霊《いれい》ニ倚藉《いしゃ》スルニ由《よ》ラサルハ無《な》シ皇朕《すめらわ》
レ仰《あおぎ》テ
皇祖《こうそ》
皇宗《こうそう》 及《および》
皇考《こうこう》ノ神祐《しんゆう》ヲ禱《いの》リ併《あわ》セテ朕《ちん》カ現在及将来《げんざいおよびしょうらい》ニ

臣民《しんみん》ニ率先《そっせん》シ此《こ》ノ憲章《けんしょう》ヲ履行《りこう》シテ愆《あやま》ラサラムコトヲ誓《ちか》フ庶幾《こいねがわ》クハ神霊《しんれい》此《こ》レヲ鑒《かんが》ミタマヘ

憲法発布勅語

朕国家ノ隆昌ト臣民ノ慶福トヲ以テ中心ノ欣栄トシ朕カ祖宗ニ承クルノ大権ニ依リ現在及将来ノ臣民ニ対シ此ノ不磨ノ大典ヲ宣布ス

惟フニ我カ祖我カ宗ハ我カ臣民祖先ノ協力輔翼ニ倚リ我カ帝国ヲ肇造シ以テ無窮ニ垂レタリ此レ我カ神聖ナル祖宗ノ威徳ト並ニ臣民ノ忠実勇武ニシテ国ヲ愛シ公ニ殉ヒ以テ此ノ光輝アル国史ノ成跡ヲ貽シタルナリ朕我カ臣民ハ即チ祖宗ノ忠良ナル臣民ノ子孫ナルヲ回想シ其ノ朕カ意ヲ奉体シ朕カ事ヲ奨順シ相与ニ和衷協同シ益〻我カ帝国ノ光栄ヲ中外ニ宣揚シ祖宗ノ遺業ヲ永久ニ鞏固ナラシムルノ希望ヲ同クシ此ノ負担ヲ分ツニ堪フルコトヲ疑ハサルナリ

朕祖宗ノ遺烈ヲ承ケ万世一系ノ帝位ヲ践ミ朕カ親愛スル所ノ臣民ハ即チ朕カ祖宗ノ恵撫慈養シタマヒシ所ノ臣民ナルヲ念ヒ其ノ康福ヲ増進シ其ノ懿徳良能ヲ発達セシメムコトヲ願ヒ又其ノ翼賛ニ依リ与ニ倶ニ国家ノ進運ヲ扶持セムコトヲ望ミ乃チ明治十四年十月十二日ノ詔命ヲ履践シ茲ニ大憲ヲ制定シ朕カ率由スル所ヲ示シ朕カ後嗣及臣民及臣民ノ子孫タル者ヲシテ永遠ニ循行スル所ヲ知ラシム

国家統治ノ大権ハ朕カ之ヲ祖宗ニ承ケテ之ヲ子孫ニ伝フル所ナリ朕及朕カ子孫ハ将来此ノ

憲法ノ条章ニ循ヒ之ヲ行フコトヲ愆ラサルヘシ

朕ハ我カ臣民ノ権利及財産ノ安全ヲ貴重シ及之ヲ保護シ此ノ憲法及法律ノ範囲内ニ於テ其ノ享有ヲ完全ナラシムヘキコトヲ宣言ス

帝国議会ハ明治二十三年ヲ以テ之ヲ召集シ議会開会ノ時ヲ以テ此ノ憲法ヲシテ有効ナラシムルノ期トスヘシ

将来若此ノ憲法ノ或ル条章ヲ改定スルノ必要ナル時宜ヲ見ルニ至ラハ朕及朕カ継統ノ子孫ハ発議ノ権ヲ執リ之ヲ議会ニ付シ議会ハ此ノ憲法ニ定メタル要件ニ依リ之ヲ議決スルノ外朕カ子孫及臣民ハ敢テ之カ紛更ヲ試ミルコトヲ得サルヘシ

朕カ在廷ノ大臣ハ朕カ為ニ此ノ憲法ヲ施行スルノ責ニ任スヘク朕カ現在及将来ノ臣民ハ此ノ憲法ニ対シ永遠ニ従順ノ義務ヲ負フヘシ

御名御璽

明治二十二年二月十一日

内閣総理大臣 伯爵 黒田清隆
枢密院議長 伯爵 伊藤博文
外務大臣 伯爵 大隈重信
海軍大臣 伯爵 西郷従道
農商務大臣 伯爵 井上 馨
司法大臣 伯爵 山田顕義
大蔵大臣兼内務大臣 伯爵 松方正義
陸軍大臣 伯爵 大山 巌
文部大臣 子爵 森 有礼
逓信大臣 子爵 榎本武揚

第一章　天皇

第一条　大日本帝国ハ万世一系ノ天皇之ヲ統治ス

第二条　皇位ハ皇室典範ノ定ムル所ニ依リ皇男子孫之ヲ継承ス

第三条　天皇ハ神聖ニシテ侵スヘカラス

第四条　天皇ハ国ノ元首ニシテ統治権ヲ総攬シ此ノ憲法ノ条規ニ依リ之ヲ行フ

第五条　天皇ハ帝国議会ノ協賛ヲ以テ立法権ヲ行フ

第六条　天皇ハ法律ヲ裁可シ其ノ公布及執行ヲ命ス

第七条　天皇ハ帝国議会ヲ召集シ其ノ開会閉会停会及衆議院ノ解散ヲ命ス

第八条

①　天皇ハ公共ノ安全ヲ保持シ又ハ其ノ災厄ヲ避クル為緊急ノ必要ニ由リ帝国議会閉会ノ場合ニ於テ法律ニ代ルヘキ勅令ヲ発ス

②　此ノ勅令ハ次ノ会期ニ於テ帝国議会ニ提出スヘシ若議会ニ於テ承諾セサルトキハ政府ハ将来ニ向テ其ノ効力ヲ失フコトヲ公布スヘシ

第九条　天皇ハ法律ヲ執行スル為ニ又ハ公共ノ安寧秩序ヲ保持シ及臣民ノ幸福ヲ増進スル為ニ必要ナル命令ヲ発シ又ハ発セシム但シ命令ヲ以テ法律ヲ変更スルコトヲ得ス

第一〇条　天皇ハ行政各部ノ官制及文武官ノ俸給ヲ定メ及文武官ヲ任免ス但シ此ノ憲法又ハ他ノ法律ニ特例ヲ掲ケタルモノハ各〻其ノ条項ニ依ル

第一一条　天皇ハ陸海軍ヲ統帥ス
第一二条　天皇ハ陸海軍ノ編制及常備兵額ヲ定ム
第一三条　天皇ハ戦ヲ宣シ和ヲ講シ及諸般ノ条約ヲ締結ス
第一四条
①天皇ハ戒厳ヲ宣告ス
②戒厳ノ要件及効力ハ法律ヲ以テ之ヲ定ム
第一五条　天皇ハ爵位勲章及其ノ他ノ栄典ヲ授与ス
第一六条　天皇ハ大赦特赦減刑及復権ヲ命ス
第一七条
①摂政ヲ置クハ皇室典範ノ定ムル所ニ依ル
②摂政ハ天皇ノ名ニ於テ大権ヲ行フ

第二章　臣民権利義務

第一八条　日本臣民タルノ要件ハ法律ノ定ムル所ニ依ル
第一九条　日本臣民ハ法律命令ノ定ムル所ノ資格ニ応シ均ク文武官ニ任セラレ及其ノ他ノ公務ニ就クコトヲ得
第二〇条　日本臣民ハ法律ノ定ムル所ニ従ヒ兵役ノ義務ヲ有ス
第二一条　日本臣民ハ法律ノ定ムル所ニ従ヒ納税ノ義務ヲ有ス
第二二条　日本臣民ハ法律ノ範囲内ニ於テ居住及移転ノ自由ヲ有ス
第二三条　日本臣民ハ法律ニ依ルニ非スシテ逮捕監禁審問処罰ヲ受クルコトナシ

第二四条　日本臣民ハ法律ニ定メタル裁判官ノ裁判ヲ受クルノ権ヲ奪ハルヽコトナシ
第二五条　日本臣民ハ法律ニ定メタル場合ヲ除ク外其ノ許諾ナクシテ住所ニ侵入セラレ及捜索セラルヽコトナシ
第二六条　日本臣民ハ法律ニ定メタル場合ヲ除ク外信書ノ秘密ヲ侵サルヽコトナシ
第二七条
① 日本臣民ハ其ノ所有権ヲ侵サルヽコトナシ
② 公益ノ為必要ナル処分ハ法律ノ定ムル所ニ依ル
第二八条　日本臣民ハ安寧秩序ヲ妨ケス及臣民タルノ義務ニ背カサル限ニ於テ信教ノ自由ヲ有ス
第二九条　日本臣民ハ法律ノ範囲内ニ於テ言論著作印行集会及結社ノ自由ヲ有ス
第三〇条　日本臣民ハ相当ノ敬礼ヲ守リ別ニ定ムル所ノ規程ニ従ヒ請願ヲ為スコトヲ得
第三一条　本章ニ掲ケタル条規ハ戦時又ハ国家事変ノ場合ニ於テ天皇大権ノ施行ヲ妨クルコトナシ
第三二条　本章ニ掲ケタル条規ハ陸海軍ノ法令又ハ紀律ニ牴触セサルモノニ限リ軍人ニ準行ス

第三章　帝国議会

第三三条　帝国議会ハ貴族院衆議院ノ両院ヲ以テ成立ス
第三四条　貴族院ハ貴族院令ノ定ムル所ニ依リ皇族華族及勅任セラレタル議員ヲ以テ組

織ス
第三五条　衆議院ハ選挙法ノ定ムル所ニ依リ公選セラレタル議員ヲ以テ組織ス
第三六条　何人モ同時ニ両議院ノ議員タルコトヲ得ス
第三七条　凡テ法律ハ帝国議会ノ協賛ヲ経ルヲ要ス
第三八条　両議院ハ政府ノ提出スル法律案ヲ議決シ及各〻法律案ヲ提出スルコトヲ得
第三九条　両議院ノ一ニ於テ否決シタル法律案ハ同会期中ニ於テ再ヒ提出スルコトヲ得ス
第四〇条　両議院ハ法律又ハ其ノ他ノ事件ニ付各〻其ノ意見ヲ政府ニ建議スルコトヲ得但シ其ノ採納ヲ得サルモノハ同会期中ニ於テ再ヒ建議スルコトヲ得ス
第四一条　帝国議会ハ毎年之ヲ召集ス
第四二条　帝国議会ハ三箇月ヲ以テ会期トス必要アル場合ニ於テハ勅命ヲ以テ之ヲ延長スルコトアルヘシ
第四三条
① 臨時緊急ノ必要アル場合ニ於テ常会ノ外臨時会ヲ召集スヘシ
② 臨時会ノ会期ヲ定ムルハ勅命ニ依ル
第四四条
① 帝国議会ノ開会閉会会期ノ延長及停会ハ両院同時ニ之ヲ行フヘシ
② 衆議院解散ヲ命セラレタルトキハ貴族院ハ同時ニ停会セラルヘシ
第四五条　衆議院解散ヲ命セラレタルトキハ勅命ヲ以テ新ニ議員ヲ選挙セシメ解散ノ日ヨリ五箇月以内ニ之ヲ召集スヘシ
第四六条　両議院ハ各〻其ノ総議員三分ノ一

以上出席スルニ非サレハ議事ヲ開キ議決ヲ為スコトヲ得ス

第四七条　両議院ノ議事ハ過半数ヲ以テ決ス可否同数ナルトキハ議長ノ決スル所ニ依ル

第四八条　両議院ノ会議ハ公開ス但シ政府ノ要求又ハ其ノ院ノ決議ニ依リ秘密会ト為スコトヲ得

第四九条　両議院ハ各〻天皇ニ上奏スルコトヲ得

第五〇条　両議院ハ臣民ヨリ呈出スル請願書ヲ受クルコトヲ得

第五一条　両議院ハ此ノ憲法及議院法ニ掲クルモノ、外内部ノ整理ニ必要ナル諸規則ヲ定ムルコトヲ得

第五二条　両議院ノ議員ハ議院ニ於テ発言シタル意見及表決ニ付院外ニ於テ責ヲ負フコトナシ但シ議員自ラ其ノ言論ヲ演説刊行筆記又ハ其ノ他ノ方法ヲ以テ公布シタルトキハ一般ノ法律ニ依リ処分セラルヘシ

第五三条　両議院ノ議員ハ現行犯罪又ハ内乱外患ニ関ル罪ヲ除ク外会期中其ノ院ノ許諾ナクシテ逮捕セラル、コトナシ

第五四条　国務大臣及政府委員ハ何時タリトモ各議院ニ出席シ及発言スルコトヲ得

第四章　国務大臣及枢密顧問

第五五条

① 国務各大臣ハ天皇ヲ輔弼シ其ノ責ニ任ス

② 凡テ法律勅令其ノ他国務ニ関ル詔勅ハ国務大臣ノ副署ヲ要ス

第五六条　枢密顧問ハ枢密院官制ノ定ムル所

ニ依リ天皇ノ諮詢ニ応ヘ重要ノ国務ヲ審議ス

第五章　司法

第五七条

① 司法権ハ天皇ノ名ニ於テ法律ニ依リ裁判所之ヲ行フ

② 裁判所ノ構成ハ法律ヲ以テ之ヲ定ム

第五八条

① 裁判官ハ法律ニ定メタル資格ヲ具フル者ヲ以テ之ニ任ス

② 裁判官ハ刑法ノ宣告又ハ懲戒ノ処分ニ由ルノ外其ノ職ヲ免セラル丶コトナシ

③ 懲戒ノ条規ハ法律ヲ以テ之ヲ定ム

第五九条　裁判ノ対審判決ハ之ヲ公開ス但シ安寧秩序又ハ風俗ヲ害スルノ虞アルトキハ法律ニ依リ又ハ裁判所ノ決議ヲ以テ対審ノ公開ヲ停ムルコトヲ得

第六〇条　特別裁判所ノ管轄ニ属スヘキモノハ別ニ法律ヲ以テ之ヲ定ム

第六一条　行政官庁ノ違法処分ニ由リ権利ヲ傷害セラレタリトスルノ訴訟ニシテ別ニ法律ヲ以テ定メタル行政裁判所ノ裁判ニ属スヘキモノハ司法裁判所ニ於テ受理スルノ限ニ在ラス

第六章　会計

第六二条

① 新ニ租税ヲ課シ及税率ヲ変更スルハ法律ヲ以テ之ヲ定ムヘシ

② 但シ報償ニ属スル行政上ノ手数料及其ノ他ノ収納金ハ前項ノ限ニ在ラス
③ 国債ヲ起シ及予算ニ定メタルモノヲ除ク外国庫ノ負担トナルヘキ契約ヲ為スハ帝国議会ノ協賛ヲ経ヘシ
第六三条 現行ノ租税ハ更ニ法律ヲ以テ之ヲ改メサル限ハ旧ニ依リ之ヲ徴収ス
第六四条
① 国家ノ歳出歳入ハ毎年予算ヲ以テ帝国議会ノ協賛ヲ経ヘシ
② 予算ノ款項ニ超過シ又ハ予算ノ外ニ生シタル支出アルトキハ後日帝国議会ノ承諾ヲ求ムルヲ要ス
第六五条 予算ハ前ニ衆議院ニ提出スヘシ
第六六条 皇室経費ハ現在ノ定額ニ依リ毎年国庫ヨリ之ヲ支出シ将来増額ヲ要スル場合ヲ除ク外帝国議会ノ協賛ヲ要セス
第六七条 憲法上ノ大権ニ基ツケル既定ノ歳出及法律ノ結果ニ由リ又ハ法律上政府ノ義務ニ属スル歳出ハ政府ノ同意ナクシテ帝国議会之ヲ廃除シ又ハ削減スルコトヲ得ス
第六八条 特別ノ須要ニ因リ政府ハ予メ年限ヲ定メ継続費トシテ帝国議会ノ協賛ヲ求ムルコトヲ得
第六九条 避クヘカラサル予算ノ不足ヲ補フ為ニ又ハ予算ノ外ニ生シタル必要ノ費用ニ充ツル為ニ予備費ヲ設クヘシ
第七〇条
① 公共ノ安全ヲ保持スル為緊急ノ需用アル場合ニ於テ内外ノ情形ニ因リ政府ハ帝国議会ヲ召集スルコト能ハサルトキハ勅令ニ依リ財政上必要ノ処分ヲ為スコトヲ得

② 前項ノ場合ニ於テハ次ノ会期ニ於テ帝国議会ニ提出シ其ノ承諾ヲ求ムルヲ要ス

第七一条　帝国議会ニ於テ予算ヲ議定セス又ハ予算成立ニ至ラサルトキハ政府ハ前年度ノ予算ヲ施行スヘシ

第七二条

① 国家ノ歳出歳入ノ決算ハ会計検査院之ヲ検査確定シ政府ハ其ノ検査報告ト倶ニ之ヲ帝国議会ニ提出スヘシ

② 会計検査院ノ組織及職権ハ法律ヲ以テ之ヲ定ム

第七章　補則

第七三条

① 将来此ノ憲法ノ条項ヲ改正スルノ必要アルトキハ勅命ヲ以テ議案ヲ帝国議会ノ議ニ付スヘシ

② 此ノ場合ニ於テ両議院ハ各〻其ノ総員三分ノ二以上出席スルニ非サレハ議事ヲ開クコトヲ得ス出席議員三分ノ二以上ノ多数ヲ得ルニ非サレハ改正ノ議決ヲ為スコトヲ得ス

第七四条

① 皇室典範ノ改正ハ帝国議会ノ議ヲ経ルヲ要セス

② 皇室典範ヲ以テ此ノ憲法ノ条規ヲ変更スルコトヲ得ス

第七五条　憲法及皇室典範ハ摂政ヲ置クノ間之ヲ変更スルコトヲ得ス

第七六条

① 法律規則命令又ハ何等ノ名称ヲ用キタル

ニ拘ラス此ノ憲法ニ矛盾セサル現行ノ法令ハ総テ遵由ノ効力ヲ有ス

② 歳出上政府ノ義務ニ係ル現在ノ契約又ハ命令ハ総テ第六十七条ノ例ニ依ル

fied by law. When, however, successors are elected or appointed under the provisions of this Constitution, they shall forfeit their positions as a matter of course.

vocation of the Diet and other preparatory procedures necessary for the enforcement of this Constitution may be executed before the day prescribed in the preceding paragraph.

Article 101:

If the House of Councillors is not constituted before the effective date of this Constitution, the House of Representatives shall function as the Diet until such time as the House of Councillors shall be constituted.

Article 102:

The term of office for half the members of the House of Councillors serving in the first term under this Constitution shall be three years. Members falling under this category shall be determined in accordance with law.

Article 103:

The Ministers of State, members of the House of Representatives and judges in office on the effective date of this Constitution, and all other public officials who occupy positions corresponding to such positions as are recognized by this Constitution shall not forfeit their positions automatically on account of the enforcement of this Constitution unless otherwise speci-

for all time inviolate.

Article 98:

This Constitution shall be the supreme law of the nation and no law, ordinance, imperial rescript or other act of government, or part thereof, contrary to the provisions hereof, shall have legal force or validity. 2) The treaties concluded by Japan and established laws of nations shall be faithfully observed.

Article 99:

The Emperor or the Regent as well as Ministers of State, members of the Diet, judges, and all other public officials have the obligation to respect and uphold this Constitution.

CHAPTER 11: SUPPLEMENTARY PROVISIONS

Article 100:

1) This Constitution shall be enforced as from the day when the period of six months will have elapsed counting from the day of its promulgation. 2) The enactment of laws necessary for the enforcement of this Constitution, the election of members of the House of Councillors and the procedure for the con-

ty, cannot be enacted by the Diet without the consent of the majority of the voters of the local public entity concerned, obtained in accordance with law.

CHAPTER 9: AMENDMENTS

Article 96:

1) Amendments to this Constitution shall be initiated by the Diet, through a concurring vote of two-thirds or more of all the members of each House and shall thereupon be submitted to the people for ratification, which shall require the affirmative vote of a majority of all votes cast thereon, at a special referendum or at such election as the Diet shall specify. 2) Amendments when so ratified shall immediately be promulgated by the Emperor in the name of the people, as an integral part of this Constitution.

CHAPTER 10: SUPREME LAW

Article 97:

The fundamental human rights by this Constitution guaranteed to the people of Japan are fruits of the age-old struggle of man to be free; they have survived the many exacting tests for durability and are conferred upon this and future generations in trust, to be held

national finances.

CHAPTER 8: LOCAL SELF-GOVERNMENT

Article 92:

Regulations concerning organization and operations of local public entities shall be fixed by law in accordance with the principle of local autonomy.

Article 93:

1) The local public entities shall establish assemblies as their deliberative organs, in accordance with law.

2) The chief executive officers of all local public entities, the members of their assemblies, and such other local officials as may be determined by law shall be elected by direct popular vote within their several communities.

Article 94:

Local public entities shall have the right to manage their property, affairs and administration and to enact their own regulations within law.

Article 95:

A special law, applicable only to one local public enti-

fund.

Article 88:

All property of the Imperial Household shall belong to the State. All expenses of the Imperial Household shall be appropriated by the Diet in the budget.

Article 89:

No public money or other property shall be expended or appropriated for the use, benefit or maintenance of any religious institution or association, or for any charitable, educational or benevolent enterprises not under the control of public authority.

Article 90:

1) Final accounts of the expenditures and revenues of the State shall be audited annually by a Board of Audit and submitted by the Cabinet to the Diet, together with the statement of audit, during the fiscal year immediately following the period covered. 2) The organization and competency of the Board of Audit shall be determined by law.

Article 91:

At regular intervals and at least annually the Cabinet shall report to the Diet and the people on the state of

CHAPTER 7: FINANCE

Article 83:

The power to administer national finances shall be exercised as the Diet shall determine.

Article 84:

No new taxes shall be imposed or existing ones modified except by law or under such conditions as law may prescribe.

Article 85:

No money shall be expended, nor shall the State obligate itself, except as authorized by the Diet.

Article 86:

The Cabinet shall prepare and submit to the Diet for its consideration and decision a budget for each fiscal year.

Article 87:

1) In order to provide for unforeseen deficiencies in the budget, a reserve fund may be authorized by the Diet to be expended upon the responsibility of the Cabinet. 2) The Cabinet must get subsequent approval of the Diet for all payments from the reserve

Article 80:

1) The judges of the inferior courts shall be appointed by the Cabinet from a list of persons nominated by the Supreme Court. All such judges shall hold office for a term of ten (10) years with privilege of reappointment, provided that they shall be retired upon the attainment of the age as fixed by law. 2) The judges of the inferior courts shall receive, at regular stated intervals, adequate compensation which shall not be decreased during their terms of office.

Article 81:

The Supreme Court is the court of last resort with power to determine the constitutionality of any law, order, regulation or official act.

Article 82:

1) Trials shall be conducted and judgement declared publicly. 2) Where a court unanimously determines publicity to be dangerous to public order or morals, a trial may be conducted privately, but trials of political offenses, offenses involving the press or cases wherein the rights of people as guaranteed in CHAPTER III of this Constitution are in question shall always be conducted publicly.

peachment unless judicially declared mentally or physically incompetent to perform official duties. No disciplinary action against judges shall be administered by any executive organ or agency.

Article 79:

1) The Supreme Court shall consist of a Chief Judge and such number of judges as may be determined by law; all such judges excepting the Chief Judge shall be appointed by the Cabinet. 2) The appointment of the judges of the Supreme Court shall be reviewed by the people at the first general election of members of the House of Representatives following their appointment, and shall be reviewed again at the first general election of members of the House of Representatives after a lapse of ten (10) years, and in the same manner thereafter. 3) In cases mentioned in the foregoing paragraph, when the majority of the voters favors the dismissal of a judge, he shall be dismissed. 4) Matters pertaining to review shall be prescribed by law. 5) The judges of the Supreme Court shall be retired upon the attainment of the age as fixed by law. 6) All such judges shall receive, at regular stated intervals, adequate compensation which shall not be decreased during their terms of office.

that action is not impaired hereby.

CHAPTER 6: JUDICIARY

Article 76:

1) The whole judicial power is vested in a Supreme Court and in such inferior courts as are established by law. 2) No extraordinary tribunal shall be established, nor shall any organ or agency of the Executive be given final judicial power. 3) All judges shall be independent in the exercise of their conscience and shall be bound only by this Constitution and the laws.

Article 77:

1) The Supreme Court is vested with the rule-making power under which it determines the rules of procedure and of practice, and of matters relating to attorneys, the internal discipline of the courts and the administration of judicial affairs. 2) Public procurators shall be subject to the rule-making power of the Supreme Court. 3) The Supreme Court may delegate the power to make rules for inferior courts to such courts.

Article 78:

Judges shall not be removed except by public im-

Article 73:

The Cabinet, in addition to other general administrative functions, shall perform the following functions: (1) Administer the law faithfully; conduct affairs of state. (2) Manage foreign affairs. (3) Conclude treaties. However, it shall obtain prior or, depending on circumstances, subsequent approval of the Diet. (4) Administer the civil service, in accordance with standards established by law. (5) Prepare the budget, and present it to the Diet. (6) Enact cabinet orders in order to execute the provisions of this Constitution and of the law. However, it cannot include penal provisions in such cabinet orders unless authorized by such law. (7) Decide on general amnesty, special amnesty, commutation of punishment, reprieve, and restoration of rights.

Article 74:

All laws and cabinet orders shall be signed by the competent Minister of State and countersigned by the Prime Minister.

Article 75:

The Ministers of State, during their tenure of office, shall not be subject to legal action without the consent of the Prime Minister. However, the right to take

The Prime Minister may remove the Ministers of State as he chooses.

Article 69:

If the House of Representatives passes a non-confidence resolution, or rejects a confidence resolution, the Cabinet shall resign en masse, unless the House of Representatives is dissolved within ten (10) days.

Article 70:

When there is a vacancy in the post of Prime Minister, or upon the first convocation of the Diet after a general election of members of the House of Representatives, the Cabinet shall resign en masse.

Article 71:

In the cases mentioned in the two preceding articles, the Cabinet shall continue its functions until the time when a new Prime Minister is appointed.

Article 72:

The Prime Minister, representing the Cabinet, submits bills, reports on general national affairs and foreign relations to the Diet and exercises control and supervision over various administrative branches.

Article 66:

1) The Cabinet shall consist of the Prime Minister, who shall be its head, and other Ministers of State, as provided for by law. 2) The Prime Minister and other Ministers of State must be civilians. 3) The Cabinet, in the exercise of executive power, shall be collectively responsible to the Diet.

Article 67:

1) The Prime Minister shall be designated from among the members of the Diet by a resolution of the Diet. This designation shall precede all other business. 2) If the House of Representatives and the House of Councillors disagree and if no agreement can be reached even through a joint committee of both Houses, provided for by law, or the House of Councillors fails to make designation within ten (10) days, exclusive of the period of recess, after the House of Representatives has made designation, the decision of the House of Representatives shall be the decision of the Diet.

Article 68:

1) The Prime Minister shall appoint the Ministers of State. However, a majority of their number must be chosen from among the members of the Diet. 2)

sion of treaties.

Article 62:

Each House may conduct investigations in relation to government, and may demand the presence and testimony of witnesses, and the production of records.

Article 63:

The Prime Minister and other Ministers of State may, at any time, appear in either House for the purpose of speaking on bills, regardless of whether they are members of the House or not. They must appear when their presence is required in order to give answers or explanations.

Article 64:

1) The Diet shall set up an impeachment court from among the members of both Houses for the purpose of trying those judges against whom removal proceedings have been instituted. 2) Matters relating to impeachment shall be provided by law.

CHAPTER 5: THE CABINET

Article 65:

Executive power shall be vested in the Cabinet.

clude the House of Representatives from calling for the meeting of a joint committee of both Houses, provided for by law. 4) Failure by the House of Councillors to take final action within sixty (60) days after receipt of a bill passed by the House of Representatives, time in recess excepted, may be determined by the House of Representatives to constitute a rejection of the said bill by the House of Councillors.

Article 60:

1) The budget must first be submitted to the House of Representatives. 2) Upon consideration of the budget, when the House of Councillors makes a decision different from that of the House of Representatives, and when no agreement can be reached even through a joint committee of both Houses, provided for by law, or in the case of failure by the House of Councillors to take final action within thirty (30) days, the period of recess excluded, after the receipt of the budget passed by the House of Representatives, the decision of the House of Representatives shall be the decision of the Diet.

Article 61:

The second paragraph of the preceding article applies also to the the Diet approval required for the conclu-

cord of proceedings. This record shall be published and given general circulation, excepting such parts of proceedings of secret session as may be deemed to require secrecy. 3) Upon demand of one-fifth or more of the members present, votes of the members on any matter shall be recorded in the minutes.

Article 58:

1) Each House shall select its own president and other officials. 2) Each House shall establish its rules pertaining to meetings, proceedings and internal discipline, and may punish members for disorderly conduct. However, in order to expel a member, a majority of two-thirds or more of those members present must pass a resolution thereon.

Article 59:

1) A bill becomes a law on passage by both Houses, except as otherwise provided by the Constitution. 2) A bill which is passed by the House of Representatives, and upon which the House of Councillors makes a decision different from that of the House of Representatives, becomes a law when passed a second time by the House of Representatives by a majority of two-thirds or more of the members present. 3) The provision of the preceding paragraph does not pre-

sion as mentioned in the proviso of the preceding paragraph shall be provisional and shall become null and void unless agreed to by the House of Representatives within a period of ten (10) days after the opening of the next session of the Diet.

Article 55:

Each House shall judge disputes related to qualifications of its members. However, in order to deny a seat to any member, it is necessary to pass a resolution by a majority of two-thirds or more of the members present.

Article 56:

1) Business cannot be transacted in either House unless one-third or more of total membership is present.
2) All matters shall be decided, in each House, by a majority of those present, except as elsewhere provided in the Constitution, and in case of a tie, the presiding officer shall decide the issue.

Article 57:

1) Deliberation in each House shall be public. However, a secret meeting may be held where a majority of two-thirds or more of those members present passes a resolution therefor. 2) Each House shall keep a re-

Article 51:

Members of both Houses shall not be held liable outside the House for speeches, debates or votes cast inside the House.

Article 52:

An ordinary session of the Diet shall be convoked once per year.

Article 53:

The Cabinet may determine to convoke extraordinary sessions of the Diet. When a quarter or more of the total members of either House makes the demand, the Cabinet must determine on such convocation.

Article 54:

1) When the House of Representatives is dissolved, there must be a general election of members of the House of Representatives within forty (40) days from the date of dissolution, and the Diet must be convoked within thirty (30) days from the date of the election. 2) When the House of Representatives is dissolved, the House of Councillors is closed at the same time. However, the Cabinet may in time of national emergency convoke the House of Councillors in emergency session. 3) Measures taken at such ses-

Article 46:

The term of office of members of the House of Councillors shall be six years, and election for half the members shall take place every three years.

Article 47:

Electoral districts, method of voting and other matters pertaining to the method of election of members of both Houses shall be fixed by law.

Article 48:

No person shall be permitted to be a member of both Houses simultaneously.

Article 49:

Members of both Houses shall receive appropriate annual payment from the national treasury in accordance with law.

Article 50:

Except in cases as provided by law, members of both Houses shall be exempt from apprehension while the Diet is in session, and any members apprehended before the opening of the session shall be freed during the term of the session upon demand of the House.

and shall be the sole law-making organ of the State.

Article 42:

The Diet shall consist of two Houses, namely the House of Representatives and the House of Councillors.

Article 43:

1) Both Houses shall consist of elected members, representative of all the people. 2) The number of the members of each House shall be fixed by law.

Article 44:

The qualifications of members of both Houses and their electors shall be fixed by law. However, there shall be no discrimination because of race, creed, sex, social status, family origin, education, property or income.

Article 45:

The term of office of members of the House of Representatives shall be four years. However, the term shall be terminated before the full term is up in case the House of Representatives is dissolved.

shall, if the accused is unable to secure the same by his own efforts, be assigned to his use by the State.

Article 38:

1) No person shall be compelled to testify against himself. 2) Confession made under compulsion, torture or threat, or after prolonged arrest or detention shall not be admitted in evidence. 3) No person shall be convicted or punished in cases where the only proof against him is his own confession.

Article 39:

No person shall be held criminally liable for an act which was lawful at the time it was committed, or of which he had been acquitted, nor shall he be placed in double jeopardy.

Article 40:

Any person, in case he is acquitted after he has been arrested or detained, may sue the State for redress as provided by law.

CHAPTER 4: THE DIET

Article 41:

The Diet shall be the highest organ of the state power,

any person such cause must be immediately shown in open court in his presence and the presence of his counsel.

Article 35:

1) The right of all persons to be secure in their homes, papers and effects against entries, searches and seizures shall not be impaired except upon warrant issued for adequate cause and particularly describing the place to be searched and things to be seized, or except as provided by Article 33 . 2) Each search or seizure shall be made upon separate warrant issued by a competent judicial officer.

Article 36:

The infliction of torture by any public officer and cruel punishments are absolutely forbidden.

Article 37:

1) In all criminal cases the accused shall enjoy the right to a speedy and public trial by an impartial tribunal. 2) He shall be permitted full opportunity to examine all witnesses, and he shall have the right of compulsory process for obtaining witnesses on his behalf at public expense. 3) At all times the accused shall have the assistance of competent counsel who

therefor.

Article 30:

The people shall be liable to taxation as provided by law.

Article 31:

No person shall be deprived of life or liberty, nor shall any other criminal penalty be imposed, except according to procedure established by law.

Article 32:

No person shall be denied the right of access to the courts.

Article 33:

No person shall be apprehended except upon warrant issued by a competent judicial officer which specifies the offense with which the person is charged, unless he is apprehended, the offense being committed.

Article 34:

No person shall be arrested or detained without being at once infomed of the charges against him or without the immediate privilege of counsel; nor shall he be detained without adequate cause; and upon demand of

endeavors for the promotion and extension of social welfare and security, and of public health.

Article 26:

1) All people shall have the right to receive an equal education correspondent to their ability, as provided by law. 2) All people shall be obligated to have all boys and girls under their protection receive ordinary education as provided for by law. Such compulsory education shall be free.

Article 27:

1) All people shall have the right and the obligation to work. 2) Standards for wages, hours, rest and other working conditions shall be fixed by law. 3) Children shall not be exploited.

Article 28:

The right of workers to organize and to bargain and act collectively is guaranteed.

Article 29:

1) The right to own or to hold property is inviolable. 2) Property rights shall be defined by law, in conformity with the public welfare. 3) Private property may be taken for public use upon just compensation

Article 22:

1) Every person shall have freedom to choose and change his residence and to choose his occupation to the extent that it does not interfere with the public welfare. 2) Freedom of all persons to move to a foreign country and to divest themselves of their nationality shall be inviolate.

Article 23:

Academic freedom is guaranteed.

Article 24:

1) Marriage shall be based only on the mutual consent of both sexes and it shall be maintained through mutual cooperation with the equal rights of husband and wife as a basis. 2) With regard to choice of spouse, property rights, inheritance, choice of domicile, divorce and other matters pertaining to marriage and the family, laws shall be enacted from the standpoint of individual dignity and the essential equality of the sexes.

Article 25:

1) All people shall have the right to maintain the minimum standards of wholesome and cultured living. 2) In all spheres of life, the State shall use its

Article 18:

No person shall be held in bondage of any kind. Involuntary servitude, except as punishment for crime, is prohibited.

Article 19:

Freedom of thought and conscience shall not be violated.

Article 20:

1) Freedom of religion is guaranteed to all. No religious organization shall receive any privileges from the State, nor exercise any political authority. 2) No person shall be compelled to take part in any religious acts, celebration, rite or practice. 3) The State and its organs shall refrain from religious education or any other religious activity.

Article 21:

1) Freedom of assembly and association as well as speech, press and all other forms of expression are guaranteed. 2) No censorship shall be maintained, nor shall the secrecy of any means of communication be violated.

ceive it.

Article 15:

1) The people have the inalienable right to choose their public officials and to dismiss them. 2) All public officials are servants of the whole community and not of any group thereof. 3) Universal adult suffrage is guaranteed with regard to the election of public officials. 4) In all elections, secrecy of the ballot shall not be violated. A voter shall not be answerable, publicly or privately, for the choice he has made.

Article 16:

Every person shall have the right of peaceful petition for the redress of damage, for the removal of public officials, for the enactment, repeal or amendment of laws, ordinances or regulations and for other matters; nor shall any person be in any way discriminated against for sponsoring such a petition.

Article 17:

Every person may sue for redress as provided by law from the State or a public entity, in case he has suffered damage through illegal act of any public official.

stitution shall be conferred upon the people of this and future generations as eternal and inviolate rights.

Article 12:

The freedoms and rights guaranteed to the people by this Constitution shall be maintained by the constant endeavor of the people, who shall refrain from any abuse of these freedoms and rights and shall always be responsible for utilizing them for the public welfare.

Article 13:

All of the people shall be respected as individuals. Their right to life, liberty, and the pursuit of happiness shall, to the extent that it does not interfere with the public welfare, be the supreme consideration in legislation and in other governmental affairs.

Article 14:

1) All of the people are equal under the law and there shall be no discrimination in political, economic or social relations because of race, creed, sex, social status or family origin. 2) Peers and peerage shall not be recognized. 3) No privilege shall accompany any award of honor, decoration or any distinction, nor shall any such award be valid beyond the lifetime of the individual who now holds or hereafter may re-

out the authorization of the Diet.

CHAPTER 2: RENUNCIATION OF WAR

Article 9:

1) Aspiring sincerely to an international peace based on justice and order, the Japanese people forever renounce war as a sovereign right of the nation and the threat or use of force as means of settling international disputes. 2) In order to accomplish the aim of the preceding paragraph, land, sea, and air forces, as well as other war potential, will never be maintained. The right of belligerency of the state will not be recognized.

CHAPTER 3: RIGHTS AND DUTIES OF THE PEOPLE

Article 10:

The conditions necessary for being a Japanese national shall be determined by law.

Article 11:

The people shall not be prevented from enjoying any of the fundamental human rights. These fundamental human rights guaranteed to the people by this Con-

designated by the Diet. 2) The Emperor shall appoint the Chief Judge of the Supreme Court as designated by the Cabinet.

Article 7:

The Emperor, with the advice and approval of the Cabinet, shall perform the following acts in matters of state on behalf of the people: (1) Promulgation of amendments of the constitution, laws, cabinet orders and treaties. (2) Convocation of the Diet. (3) Dissolution of the House of Representatives. (4) Proclamation of general election of members of the Diet. (5) Attestation of the appointment and dismissal of Ministers of State and other officials as provided for by law, and of full powers and credentials of Ambassadors and Ministers. (6) Attestation of general and special amnesty, commutation of punishment, reprieve, and restoration of rights. (7) Awarding of honors. (8) Attestation of instruments of ratification and other diplomatic documents as provided for by law. (9) Receiving foreign ambassadors and ministers. (10) Performance of ceremonial functions.

Article 8:

No property can be given to, or received by, the Imperial House, nor can any gifts be made therefrom, with-

Article 2:

The Imperial Throne shall be dynastic and succeeded to in accordance with the Imperial House Law passed by the Diet.

Article 3:

The advice and approval of the Cabinet shall be required for all acts of the Emperor in matters of state, and the Cabinet shall be responsible therefor.

Article 4:

1) The Emperor shall perform only such acts in matters of state as are provided for in this Constitution and he shall not have powers related to government.

2) The Emperor may delegate the performance of his acts in matters of state as may be provided by law.

Article 5:

When, in accordance with the Imperial House Law, a Regency is established, the Regent shall perform his acts in matters of state in the Emperor's name. In this case, paragraph one of the preceding article will be applicable.

Article 6:

1) The Emperor shall appoint the Prime Minister as

human relationship, and we have determined to preserve our security and existence, trusting in the justice and faith of the peace-loving peoples of the world. We desire to occupy an honored place in an international society striving for the preservation of peace, and the banishment of tyranny and slavery, oppression and intolerance for all time from the earth. We recognize that all peoples of the world have the right to live in peace, free from fear and want.

We believe that no nation is responsible to itself alone, but that laws of political morality are universal; and that obedience to such laws is incumbent upon all nations who would sustain their own sovereignty and justify their sovereign relationship with other nations.

We, the Japanese people, pledge our national honor to accomplish these high ideals and purposes with all our resources.

CHAPTER 1: THE EMPEROR

Article 1:

The Emperor shall be the symbol of the State and of the unity of the people, deriving his position from the will of the people with whom resides sovereign power.

THE CONSTITUTION OF JAPAN

英訳　日本国憲法

We, the Japanese people, acting through our duly elected representatives in the National Diet, determined that we shall secure for ourselves and our posterity the fruits of peaceful cooperation with all nations and the blessings of liberty throughout this land, and resolved that never again shall we be visited with the horrors of war through the action of government, do proclaim that sovereign power resides with the people and do firmly establish this Constitution. Government is a sacred trust of the people, the authority for which is derived from the people, the powers of which are exercised by the representatives of the people, and the benefits of which are enjoyed by the people. This is a universal principle of mankind upon which this Constitution is founded. We reject and revoke all constitutions, laws, ordinances, and rescripts in conflict herewith.

We, the Japanese people, desire peace for all time and are deeply conscious of the high ideals controlling

Haruki Bunko
ハルキ文庫

い 17-1

日本国憲法《にほんこくけんぽう》

監修
伊藤《いとう》 真《まこと》

2013年4月28日第一刷発行
2020年3月8日第二刷発行

発行者
角川春樹

発行所
株式会社角川春樹事務所
〒102-0074 東京都千代田区九段南2-1-30 イタリア文化会館

電話
03(3263)5247(編集)
03(3263)5881(営業)

印刷・製本
中央精版印刷株式会社

フォーマット・デザイン 芦澤泰偉
表紙イラストレーション 門坂 流

ISBN978-4-7584-3729-5 C0132 ©角川春樹事務所 2013 Printed in Japan
http://www.kadokawaharuki.co.jp/ [営業]
fanmail@kadokawaharuki.co.jp [編集]　ご意見・ご感想をお寄せください。

日本国憲法

伊藤 真 監修

ハルキ文庫

角川春樹事務所